हँसते रहे हम उदास होकर

हँसते रहे हम उदास होकर

किश्वर नाहीद

प्रस्तावना एवं संकलन

रख़्शंदा जलील

वाणी प्रकाशन

वाणी प्रकाशन

4695, 21-ए, दरियागंज, नयी दिल्ली 110 002

फ़ोन : +91 11 23273167 फ़ैक्स : +91 11 23275710

शाखाएँ

अशोक राजपथ, पटना 800 004, बिहार

कॉफ़ी हाउस कैम्पस, महात्मा गांधी मार्ग, इलाहाबाद 211 001, उत्तर प्रदेश

महात्मा गांधी अन्तरराष्ट्रीय हिन्दी विश्वविद्यालय, वर्धा 442 001, महाराष्ट्र

सुल्तानिया रोड, मोतिया पार्क, भोपाल 462 001, मध्य प्रदेश

www.vaniprakashan.com
marketing@vaniprakashan.in
sales@vaniprakashan.in

Hanste Rahe Hum Udas Hokar
by Kishwar Naheed
Foreword & Compiled by Rakhshanda Jalil
Transliteration by Pradeep Sahil

ISBN : 978-93-90678-45-7
Nazm/Ghazal

प्रथम संस्करण 2021

मूल्य : ₹ 395

थॉमसन प्रेस (इंडिया) लि. में मुद्रित

वाणी प्रकाशन का लोगो मक़बूल फ़िदा हुसेन की कूची से

पेश लफ़्ज़

किश्वर नाहीद का जन्म 1940 में दक्खिनी उत्तर प्रदेश में स्थित बुलन्दशहर, भारत के एक सैयद परिवार में हुआ। 1949 में वह स्परिवार लाहौर जाकर बस गयीं। उनकी शायरी की पहली किताब 'लब-ए-गोया' (1968 में शाया) को बावक़ार आदमजी अदबी ईनाम से नवाज़ा गया और उन्हें एक 'हिम्मतवर नयी आवाज़' का दर्जा दिया गया। मुल्क में उस समय चल रहे नये फ़ेमिनिस्ट मूवमेंट के साथ जुड़ने पर उनका ख़ैरमक़दम किया गया। उनकी नज़्म 'हम गुनहगार औरतें' जनरल ज़िया की तानाशाही के वक़्त हुई ज़्यादतियों के दौरान मुख़ाल्फ़त के एक तराने का रूप लेकर सामने आयी। यह पिछले दशकों में मुख़ालफ़त की हमेशा ज़िन्दा रहने वाली एक रम्ज़ बन गयी है, ख़ासकर जब से यह आज के दौर की उर्दू की निस्वानियत[1] की शायरी के संकलन का उनवान[2] बनी है। इसी नाम से संकलन का तर्जुमा और सम्पादन रुख़साना अहमद ने किया है जो विमेन प्रेस, लन्दन द्वारा 1991 में शाया की गयी थी। इसके बाद से किश्वर की अपनी शायरी का हर मजमूआ, चाहे वह असल उर्दू ज़बाँ में हो या कोई तर्जुमा, उसने हुक़ूक़े-ए-ख़वातीन[3] और तरक़्क़ीपसन्द सोच की एक निडर अलमबरदार[4] के तौर पर उनकी शोहरत में ख़ूब इज़ाफ़ा किया है।

ऐसे वक़्त में जब औरतों के लिए बाक़ायदगी के साथ तालीम हासिल करना कोई आम बात नहीं बल्कि एक ग़ैर-मामूली

बात होती थी, किश्वर को तालीम हासिल करने के लिए बहुत मुश्किलात का सामना करना पड़ा। पहले तो उर्दू में अदीब फ़ाज़िल की डिग्री हासिल करने में और फिर फ़ारसी सीखने में। उन्हें हर चीज़ को पढ़ने की बहुत इच्छा होती थी, पाठ्यपुस्तकों से लेकर दोस्तोयवस्की की रचनाओं और नवल किशोर प्रेस द्वारा शाया इंग्लिश डिक्शनरी तक, उन्होंने सब कुछ घर पर रहकर पढ़ी और एक प्राइवेट तालिबे-ए-इल्म[5] के तौर पर मैट्रिक का इम्तिहान दिया। उसके बाद उनके परिवार की तरफ़ से बहुत ज़्यादा एतराज़ करने के बावजूद, वह किसी तरह अपनी रस्मी तालीम पूरी करने में कामयाब रहीं। हालाँकि उनके भाई सैयद इफ़्तिख़ार ज़ैदी ने उनकी ट्यूशन फीस देकर उनकी पूरी मदद की। 1949 में पाकिस्तान आकर बस जाने के बाद, उन्होंने पंजाब यूनिवर्सिटी, लाहौर से 1959 में बी.ए. और 1961 में इकनॉमिक्स में एम.ए. पूरा किया। किश्वर ने अपने दोस्त और साथी शायर युसुफ़ कामरान के साथ निकाह कर लिया। अब उनके दो बेटे हैं। उनके शौहर के इन्तक़ाल के बाद वह अपने बच्चों की तरबियत करने और अपने परिवार को सहारा देने के लिए इस्लामाबाद जाकर मुलाज़मत करने लगीं।

किश्वर की पूरी दुनिया में तर्जुमे की कई किताबों के इलावा पाकिस्तान और हिन्दुस्तान में शायरी के उनके 12 मजमूआ शाया हुए। दुनिया भर में उनकी उर्दू शायरी की किताबें कई परदेसी ज़बानों में भी छपी हैं। उन्होंने बच्चों के लिए आठ किताबें लिखीं और उन्हें इन किताबों के लिए बावक़ार यूनेस्को (UNESCO) की ओर से अवॉर्ड से नवाज़ा गया। जिस तरह उनके लेखन में औरतों के लिए सरोकार दिखायी देते हैं, उसी तरह बच्चों के लिए भी उनकी मुहब्बत साफ़ दिखायी पड़ती है। एक कामकाजी और मेहनतकश ख़ातून के तौर पर अपने तवील[6] करियर में उन्होंने पाकिस्तान में कई महकमों में ऊंचे ओहदों पर रहकर मुलाज़मत की।

अपनी सुबुकदोशी[7] से पहले वह पाकिस्तान नेशनल कौंसिल ऑफ़ आर्ट की डायरेक्टर जनरल थीं। उन्होंने मशहूर अदबी रिसाले 'माह-ए-नौ' का सम्पादन भी किया और 'हव्वा' (औरत) नाम के एक तंज़ीम[8] की बुनियाद भी रखी जिसका मक़सद औरतों की मदद करना रहा है। इन काविशों में उन्होंने किसी से कोई भी माली मदद नहीं ली लेकिन बाद में कॉटेज इंडस्ट्री के ज़रिये और हैंडीक्राफ्ट की चीज़ें बनाकर और बेचकर माली तौर पर औरतो को ख़ुदकफ़ील[9] होना सिखाया।

'द हेराल्ड' के लिए लेखक-शायर हारिस ख़लीक़ के साथ एक तवील इंटरव्यू के दौरान, उन्होंने मुल्क के बँटवारे और उनके ज़हन पर पड़े उसके असर के बारे में बात की। उन्होंने बताया कि किस तरह उस बँटवारे ने उनके हस्सासे-ए-शायरी को शक्ल दी। उन्होंने मुल्क की उन जवान बच्चियों की हालत के बारे में अपने ज़ाती तजुर्बात बताये जिन्हें बँटवारे के दौरान होने वाले मज़हबी फ़सादों में बुलन्दशहर में उनके पड़ोस से अग़वा कर लिया गया था और बाद में वे फिर से अपने परिवारों में वापस आ गयी थीं। उन्होंने ख़ासतौर पर उन बच्चियों से मुलाक़ात के बारे में बताया कि वे कितनी थकी-हारी, कमज़ोर और अन्दर से टूट चुकी थीं और वे किस तरह उस वक़्त उन्हें हौसला देने की कोशिश करने वाली औरतों से घिरी हुई थीं। वे एक बड़े से कमरे में या तो ज़मीन पर लेटी हुई थीं या दीवार के सहारे बैठी हुई थीं। किश्वर याद करती हैं कि उनके पाँव बुरी तरह ज़ख़्मी और ख़ून से सराबोर थे। ''यही वह लम्हा था, जब मैं सिर्फ़ एक बच्ची न रहकर एक लड़की बच्ची बन गयी थी'', उन्होंने इंटरव्यू लेने वाले को बताया, ''मैं तब एक औरत बन गयी थी। आज, मुझे उनकी शक्ल तो याद नहीं लेकिन मुझे आज भी उनके ख़ून से सने पैर अच्छी तरह याद हैं। आज दसियों साल के बाद भी समाज में बहुत कम बदलाव आया है। अब यह ख़त्म होना चाहिए।''

किश्वर खुद को ख़वातीन के हक़ों की अलमबरदार कहने वाली औरत हैं लेकिन उनकी शायरी महज़ औरतों के बारे में ही नहीं है, न ही वह सिर्फ़ औरतों से मुख़ातिब है। इसके बजाय वे अपनी सारी शायरी, एक शायरा और एक काम-काजी महिला के तौर पर, सामाजिक बदलाव, लोगों की ख़ुशहाली के लिए काम करने वाली हुकूमत और तंजीम तथा आलमी सोच की तलब[10] रखती हैं जो बडी शिद्दत से और पूरी तरह खुलकर सामाजिक मक़सदीयत की हामी है और सियासी सरोकारों से जुड़ी हुई हैं। ख़वातीनों के हुक़ूक़ और उनकी आज़ादी के लिए अपने अहद[11] के इलावा सिमोन द बोउआर (जिनकी किताबों का उन्होंने उर्दू में तर्जुमा किया है) और वर्जीनिया वुल्फ जैसे लेखकों के असर को छोड़कर अंजुमन तरक़्क़ीपसन्द मुसन्निफ़ीन (Progressive Writers Association-PWA) ने उनकी ज़िन्दगी और उनके लेखन को सबसे ज़्यादा मुतास्सिर किया।

अंजुमन तरक़्क़ीपसन्द मुसन्निफ़ीन जिसकी बुनियाद 1936 में रखी गयी, के साथ उर्दू के कई बड़े लेखक जुड़े हुए थे जैसे फ़ैज़ अहमद फ़ैज़, सज्जाद ज़हीर, इस्मत चुग़ताई, कृश्न चन्दर, कैफ़ी आज़मी, अली सरदार जाफ़री वग़ैरह। इस आन्दोलन की अहमियत सिर्फ़ इसके साथ जुड़े मुसन्निफ़ या उनकी ज़ाती रचनाओं में मौजूद खुसूसियत में नहीं बल्कि पी.डब्ल्यू.ए. और इसके साझीदार ग्रुप इंडियन पीपल्स थियेटर एसोसिएशन (आईपीटीए–इप्टा) द्वारा निभायी गयी उनकी भूमिका में थी। 1930 से लेकर 1950 के दो दशक के अन्त तक इस अंजुमन ने सामाजिक बदलाव की ज़रूरत पर ज़ोर देकर और उनके साहित्य में इन दोनों ताक़तों का लगातार चित्रण करके और उनके फ़न और आमफ़हम तमद्दुन[12] के तमाम रूपों को विस्तार देकर बड़ी तादाद में लोगों की सियासी समझ को एक शक्ल दी।

तरक़्क़ीपसन्द मुसन्निफ़ीन का यह आन्दोलन और उसकी तरफ़दार सभाएँ बहुत शक्तिशाली और अहम ताक़तें थीं जिन्होंने

तीस सालों तक हिन्दुस्तान के सियासी, समाजी और अदबी कैनवस पर अपने लिए जगह बनाये रखी। जम्हूरियत[13] हासिल करने के कई साल पेशतर[14], उन्होंने साम्राज्यवाद और सियासी जम्हूरियत पर होने वाली बहसों पर भी असर डाला और जम्हूरियत के कई साल बाद, नये-नये आज़ाद हुए और सियासी जम्हूरियत हासिल किये देश और समाज के स्वरूप पर होने वाली बहस-मुबाहिसों का मर्कज़[15] बनी रहीं।

लाहौर आकर बस जाने के बाद, जब वह सिर्फ़ नौ साल की थीं, और हलचल भरे इस ज़िन्दादिल शहर के उस वक़्त के सूफ़ी गुलाम मुस्तफ़ा तबस्सुम, एहसान दानिश, सैयद आबिद अली आबिद, मुख़्तार सिद्दीक़ी, फ़ैज़ अहमद फ़ैज़ वग़ैरह जैसे अज़ीम लेखकों को पढ़ने के बाद किश्वर का रिवायती और मौजूदा दौर की मुख़ालिफ़ प्रवृत्तियों, ज़दीदीयात[16] और तरक्क़ीपसन्दी[17] के साथ तआरुफ़ हुआ। हालाँकि 1947 के बाद तरक्कीपसंद आन्दोलन के सामने कई दिक़्क़तें पेश आयीं और जम्हूरियत के बाद के हिन्दुस्तान के बनिस्बत जहाँ यह अगले पच्चीस सालों तक बड़ी मुश्किल से आगे बढ़ पाया, पाकिस्तान में इसके आगे बढ़ने की रफ़्तार बहुत ही सुस्तगाम थी। लेकिन इतना होने के बावजूद इसने किश्वर जैसे नये लेखकों को इश्तिराकीयत (समाजवाद) की मिसाली शख़्सियतों और पूरे आलम भर में आम लोगों को उनके तमाम हक़ देने की सम्भावनाओं से रू-ब-रू कराकर उनके अदबी एहसासात पर अपना असर डाला। लाहौर में पीपल्स पब्लिशिंग हाउस द्वारा मशहूर रूसी लेखकों की सस्ती क़ीमत पर मुहैया करायी गयी किताबों को पाकर उनकी साहित्य की वह भूख शान्त हुई जो समाजिक बदलाव की बात करता था।

फ़ैज़ की तरह ही, जो शायरी के अपने पहले मजमूआ[18] के दौरान ही एक रूमानी शायर से एक इन्क़लाबी शायर बन गये थे, किश्वर भी अपने करियर की शुरुआत में अदबी स्वरूप और कंटेंट, दोनों के साथ बेबाक तजुर्बात[19] करने के साथ ही अपनी

रिवायती शायरी से बाहर निकल आयीं। कभी उनके हमजमात[20] रहे शायर इफ़्तिख़ार जालिब के साथ उन्होंने ग़ज़लों से अलग हटकर शायरी के नये रूपों, मुक्त शायरी, लयहीन, नस्रनिगारी शायरी के साथ नये से नये तजुर्बात किये। शुरुआती दौर की तरफ़ मुड़ कर देखते हुए किश्वर कहती हैं, ''यह वह वक़्त था जब मैंने डेफोडिल से बंजर ज़मीन तक का सफर तय किया।''

हम यहाँ हारिस ख़लीक़ के साथ किश्वर की गुफ़्तगू का हवाला देकर कहें तो, ''उन दिनों एक ही वक़्त पर दो चीज़ें हो रही थीं। एक तो पूरे आलम में बहुत बड़ी सियासी उथल-पुथल मची हुई थी और पाकिस्तान में मार्शल लॉ लगा हुआ था। दूसरे, हमारी अदबी दुनिया में नये ख़यालों और नये रूपों को पेश किया जा रहा था और उनकी तारीफ़ भी हो रही थी। मैं और मेरे दोस्त अपने आप को इन सब चीज़ों के एक हिस्से के तौर पर देखते थे। एक दिन हम स्वेज़ कैनाल पर जमाल अब्देल नासेर और मिस्र का हक़ होने की तरफ़दारी में एक जुलूस निकालते और अगले दिन हम वियतनाम या फिलिस्तीन या लेटिन अमेरिका के लिए रैली निकालते।''

इसी वक़्त पश्चिम के मुल्कों में भी यह तहरीक अपने पैर पसारने लगी थी। इस निसाई[21] पसन्द तहरीक की दूसरी लहर से एक नारा उभरकर आया था–'जो ज़ाती या इम्फ़िरादी है, वह सियासी है' यानी यह ज़ाती तजुर्बे और समाजी व सियासी ढाँचे के आपसी रिश्ते को बयाँ करता है। यह नारा एक मायने में किश्वर की अदबीयत और निसाई पसन्दगी की उनकी अपनी समझ को बड़े ही मुख़्तसर[22] तरीक़े से पेश करता है। उन्होंने अपनी ज़िन्दगी और अपने साथ हुए तजुर्बात, अपनी यादों और उनके असर के साथ-साथ अपने इल्म के चश्मे से अपने आसपास की दुनिया को समझना शुरू कर दिया। (उनकी उस वक़्त की यादों में सबसे अहम और सबसे ज़्यादा ख़ौफ़नाक यादें बुलन्दशहर में अग़वा की गयी बच्चियों और ख़ून से सने उनके पैरों की थीं।

इसके साथ-साथ किश्वर द्वारा इल्म हासिल करने के लिए की गयी कश्मकश की यादें भी थीं)। ग़ैर-बराबरी की इस दुनिया में औरतों को दोहरा नुक़सान सहना पड़ा था, उनकी क़ाबिलियत पर शक किया जाता था, उनको अपने तख़्लीक़ी फ़न को ज़ाहिर करने के रास्ते तलाशने के लिए बहुत जद्द-ओ-जहद करनी पड़ती थी, और अगर वह अपनी शायरी के ज़रिये अपने तख़्लीक़ी फ़न को ज़ाहिर करने की हिम्मत जुटा भी लेती थीं, तो भी उन्हें मर्दों के इस फ़ैसले के आसरे रहना पड़ता था कि औरतों को क्या लिखना चाहिए और क्या नहीं। यहाँ तक कि उनके शौहर जैसे आज़ाद ख़याल इन्सान भी, जो उनके ख़ाविन्द होने से पहले उनके दोस्त भी थे, अपनी बीवी द्वारा अपनी नज़्मों के लिए चुने गये बोल्ड मुद्दों को लेकर परेशानी-सी महसूस करने लगे थे।

ग़ज़ल के क्लासिक लहजे पर बड़े पैमाने पर फिर से काम करने के इलावा और नज़्म में नये सरोकारों और नयी सोच को शामिल करने के लिए किश्वर ने कई दूसरी ज़बानों की शायरी का तर्जुमा भी किया जिससे उन्होंने उर्दू अदब के लफ़्ज़ों के मयार को और भी ऊँचाई बख़्शी और उसे समृद्ध बनाया। उनके उम्दा संस्मरण 'बुरी औरत की कथा' ने न सिर्फ़ एक संस्मरण लेखक बल्कि एक नस्रनिगार[23] के तौर पर भी उनकी पहचान को पुख़्ता किया। उन्होंने उन लोगों के एहतिजाज़[24] में अपनी आपबीती (आत्मकथा) लिखी जो किसी औरत के बोल्ड और साफ़गो होने पर फ़ौरन से पेशतर उसकी पेशानी पर 'एक बुरी औरत' होने का पर्चा चिपका कर देते हैं। उनकी यह आपबीती एक ऐसे समाज का बेहूदा तोहमतनामा है जो औरतों को नीचा दिखाने के लिए अपने रिवाजों और रिवायतों, मज़हब और यहाँ तक कि हैवानियत का भी इस्तेमाल करता है। उन्होंने बड़ी ही सख़्ती से और बेख़ौफ़ होकर अपनी शायरी में ऐसी समाजी और सियासी नाइन्साफ़ियों, मुद्दापरस्ती और अपने इर्द-गिर्द दिखायी देने वाली झूठी मज़हबियत पर चोट की। यह मुद्दे बार-बार उनकी शायरी में दिखायी देते हैं।

इस प्रक्रिया में बड़ी तादाद में उन्हें कई ईनाम मिले और दुनिया में उनकी ख़ूब तारीफ़ भी हुई। उनके करियर के आग़ाज़ में मिले आदमजी अदबी अवॉर्ड के बाद उन्हें कोलम्बिया यूनिवर्सिटी से सबसे उम्दा तर्जुमा अवॉर्ड, बच्चों के साहित्य के लिए यूनेस्को प्राइज़, 1997 में मंडेला प्राइज़ और साल 2000 में पाकिस्तानी सरकार की तरफ़ से सितारा-ए-इम्तियाज़ और अदबी दुनिया में उनके तहयात ख़िदमत के लिए पाकिस्तान अकादमी द्वारा साहित्य में कमाल-ए-फ़न अवॉर्ड से नवाज़ा गया। वह 'जंग' नाम के रोज़ाना पर्चे में सियासी, समाजी और अदबी अहमियत के मौजूदा वक़्त के मुद्दों पर मुसलसल एक कॉलम लिख रही हैं जिन्हें 'वर्क़ वर्क़ आइना' में मुज्तमा[25] करके शाया[26] किया गया। उनकी सारी नस्रनिगारी बहुत ही क़ाबिलेग़ौर, अक्सर साफगोई से लबरेज़ और हमेशा ही ईमानदार तथा तेज़फ़हम होती है जो उनके अदब और उनकी शख़्सियत की ख़ासियत है।

'ख़्वाहिश' नाम की उनकी एक नज़्म में उन्होंने उर्दू के अज़ीम-ओ-शाहकार अफ़सानानिगार सआदत हसन मंटो की तरह—जिन्होंने अपनी वफ़ात[27] से पहले अपना गुस्ताख़ी से भरा कुत्बा मज़ार लिखा था—अपना कुत्बा मज़ार लिखने की ख़्वाहिश ज़ाहिर की। मंटो ने वह कुत्बा मज़ार कुछ इस तरह लिखा था, "यहाँ (मंटो) दफ़न है और उसके सीने में फ़ने-ए-फ़सानानिगारी के सारे असरार और रमोज़ दफ़न हैं। वह अब भी मनों मिट्टी के नीचे सोच रहा है कि वह बड़ा अफ़सानानिगार है या ख़ुदा।" यह बेहयाई भरा बयान ज़रूर लगता है लेकिन क़ाबिल-ए-नफ़रत बिल्कुल भी नहीं है क्योंकि यह बात बिल्कुल सही है कि मंटो की शैली और शिल्प कला की ख़ूबी चाहे कुछ भी हो, लेकिन ख़ून जमा देने वाली घटनाओं को बयान करने और बहुत गहराई से तफ़सील देने की उनकी ग़ैर-मामूली क़ाबिलियत कुदरत ने उनको एक सौग़ात के रूप में बख़्शी थी। और इसी तरह किश्वर नाहीद की शायरी में भी उनके मुल्क के फ़सादी, समाजी और सियासी मंज़रों में हर

उथल-पुथल को दर्ज करने वाली बारीक़ियाँ मौजूद हैं। उन्होंने उर्दू शायरी की एक बाग़ी तख़्लीक़कार के तौर पर अपनी भूमिका का पूरा लुत्फ़ उठाया है जिसमें वह बहुत दिलेर, साफ़गो, ख़ुद-आगाह और यक्सर सियासी नज़र आती हैं। उन्होंने अदबी और ग़ैर-अदबी, दोनों ही क्षेत्रों में चुनौती पेश करने का भरपूर मज़ा लिया है। जैसा कि इस इन्तिख़ाब[28] से ज़ाहिर होता है, औरतों से जुड़े मुद्दों, मुआशरे[29] की ताक़त, औरत की जिंसी ख़्वाहिशात और चाहतों के साथ उनके जिस्म को मजबूर बनाने की कोशिशें, औरतों के ख़िलाफ़ होने वाले जुर्म और मीडिया तथा तालीमी किताबों में पेश की गयी औरतों की तस्वीर के साथ-साथ बच्चों की दिलकश कविताओं पर उन्होंने बड़ी ही कुशादगी[30] के साथ लिखा है। उम्मीद है कि पढ़ने वालों को इस मजमूए में कुछ-न-कुछ क़ीमती चीज़ ज़रूर हासिल होगी, कुछ ऐसी कि जिसे वे बार-बार पढ़ना चाहेंगे, कुछ ऐसे टुकड़े जिन्हें वे हमेशा अपने साथ रखना चाहेंगे।

नयी दिल्ली

–डॉ. रख़्शंदा जलील

---

1. नारी–शक्ति, 2. शीर्षक, 3. स्त्रियों के अधिकार, 4. प्रतिनिधि, 5. विद्यार्थी, 6. लम्बे, 7. रिटायरमेंट, 8. एनजीओ, 9. आत्मनिर्भर, 10. माँग, 11. वक़्त, 12. सभ्यता, 13. लोकतन्त्र, 14. पहले, 15. केन्द्र बिन्दु, 16. आधुनिक सोच, 17. प्रगतिशील विचारधारा, 18. काव्य-संग्रह, 19. अनुभव, 20. साथी, 21. महिला सम्बन्धी, 22. संक्षिप्त, 23. गद्य लेखक, 24. विरोध, 25. संकलित, 26. प्रकाशित, 27. मौत, 28. चयन, 29. समाज, 30. उदारता।

अनुक्रम

ग़ज़लें

नज़्में

गिलास लैंडस्केप

अभी सर्दी पोरों की पहचान के मौसम में है
इससे पहले कि बर्फ़ मेरे दरवाज़े के आगे दीवार बन जाये
तुम क़हवे की प्याली से उठती महकती भाप की तरह
मेरी पहचान कर लो
मैं अभी तक सब्ज़ हूँ
मुँह–बन्द इलायची की तरह
मैंने आज तुम्हारी याद के कबूतर को
अपने ज़हन के काबुक[1] से आज़ाद किया
तो मुझे अन्दर की पतावर दिखायी दी
चाँद पूरा होने से पहले तुमने मुझे छुआ
और बात पूरी होने से पहले
तुमने बात ख़त्म कर दी
जानकारी के भी कितने दुख होते हैं
बिन कहे ही तल्ख़[2] बात समझ में आ जाती है
अच्छी बात को दोहराने की सई[3]
और बुरी बात को भुलाने की जिद्द–ओ–जहद में
ज़िन्दगी बीत जाती है

बर्फ़ की दीवार में
अब के मैं भी चुनवा दी जाऊँगी
कि मुझे आग से खेलता देखकर

दानिशमन्दों[4] ने यही फ़ैसला किया है
मैं तुम्हारे पास लेटी हुई भी
फुलझड़ी की तरह सुलगती रहती हूँ

मैं तुमसे दूर हूँ
तब भी तुम मेरी लपटों से सुलगते और झुलसते रहते हो
समुन्दर सिर्फ़ चाँद का कहा मानता है
सर–ए–शाम जब सूरज और मेरी आँखें सुर्ख़ हों
तो मैं चाँद के बुलावे पे समुन्दर का ख़रोश[5] देखने चली जाती हूँ
और मेरे पैरों के नीचे से रेत निकलकर
मुझे बे–ज़मीन कर देती है
पैर बे–ज़मीन
और सर बे–आसमान
फाँसी पर लटके शख़्स की तरह हो के भी
यही समझती हो
कि मुँह–बन्द इलायची की तरह अभी तक सब्ज हो

---

1. कबूतर का घर, 2. कड़वी, 3. कोशिश, 4. दार्शनिकों, समझदारों, 5. उफान।

एक नज़्म इजाज़तों के लिए

तुम मुझे पहन सकते हो
कि मैंने अपने आप को
धुले हुए कपड़े की तरह
कई दफ़अ' निचोड़ा है
कई दफ़अ' सुखाया है

तुम मुझे चबा सकते हो
कि मैं चूसने वाली गोली की तरह
अपनी मिठास की तह घुला चुकी हूँ

तुम मुझे रुला सकते हो
कि मैंने अपने आप को क़त्ल करके
अपने ख़ून को पानी–पानी करके
आँखों में झील बना ली है

तुम मुझे भून सकते हो
कि मेरी बोटी–बोटी
तड़प–तड़प कर
ज़िन्दगी की हर साँस को
अलविदा' कह चुकी है

तुम मुझे मसल सकते हो
कि रोटी सूखने से पहले
ख़स्ता होकर भुरभुरी हो जाती है

तुम मुझे ता'वीज़ की तरह
घोलकर पी जाओ
तो मैं कलीसाओं में बजती घण्टियों में
इसी तरह तुलूअ'[1] होती रहूँगी
जैसे गुल–ए–आफ़ताब[2]

---

1. उदय, 2. सूरजमुखी फूल।

चिड़िया और कोयल

मोटा–सा इक बाजे वाला
चलता चलता जंगल आया
जंगल में कोयल रहती थी
पिंजरे में बन्द वो बैठी थी
बाजे को देख के चहकी वो
मुद्दत के बाद ही बोली वो
तू बाजा बजा मैं गाऊँगी

नग़मे मैं अच्छे सुनाऊँगी
कोयल ने यूँ गाना गाया
बाजे वाला भी मस्त हुआ

थी पास ही चिड़िया बैठी
गाना सुन के वो कहने लगी
कोयल बी तुमको है आता
कितना अच्छा गाना गाना
आवाज़ तुम्हारी प्यारी है
सारी दुनिया से न्यारी है
तुम ख़ुद ही गीत बनाती हो
तुम ख़ुद ही अच्छा गाती हो
तुम क्यूँ इस बाजे वाले को

कहती हो साज़ बजाने को
फिर एक दिन ये बाजे वाला
हर एक से ये कहता होगा
मैंने ही जाकर सिखलाया
कोयल को भी गाना गाना
मेरी मानो इक काम करो
तुम रौशन अपना नाम करो
पिंजरे से निकल बाहर आओ
तुम डाली–डाली ख़ुद गाओ

ये सुन के कोयल भी हँस दी
चिड़िया से फिर वो यूँ बोली
क्या कोई हुनर भी बिन सीखे
आता है किसी को चुपके से
जब मश्क़ नहीं करता कोई
माहिर नहीं बन सकता कोई
जिसने किया अपने फ़न को याद
आख़िर वही कहलाया उस्ताद

रिवायत न टूटे

हम रिवायत[1] की कोहना[2] सदियों के पर्बत तले
वो घने सब्ज़ जंगल हैं जो
बे–पनाह शाख़–दर–शाख़ ताबिन्दगी[3]
ताज़गी के तमव्वुज[4] से सँवला के
ख़ुद ही झुलस जायें
ऐसे जलें ऐसे जलें
कि फ़क़त दूर तक कोयला कोयला ही दिखायी दे
और ताज़गी की नुमू[5]
ख़ाक से भी गवाही न दे
वो मुक़द्दर के अच्छे
कि जिन को जलापे की मुद्दत गुज़रने पे
उन कोयलों की जगह हीरे–मोती मिले
वो मुक़द्दर के अच्छे
कि जिनकी दुआएँ ज़मीं की तहों में बहीं
तो कहीं सोना–चाँदी बनें
वो मुक़द्दर के अच्छे
कि जिनके बदन खौलते ख़ूँ के चश्मे थे
अब भी हैं
पारे की खदानों की सूरत कहीं
तो कहीं ऐसे भी सख़्त जानों के हैं सिलसिले जा–ब–जा
जिनसे फ़ौलाद का नाम पाइंदा[6] है

वो जलन जो कभी ताज़गी के तमव्वुज से पैदा हुई
है मुक़द्दर की तहरीर ऐसी कि जिसकी जलन इब्तिदा[7]
इन्तिहा[8] भी जलन
जलते रहने का ये सानेहा[9] भी जलन
अंजुमन अंजुमन
चौदहवीं–रात के चाँद ने भी कहा
भीगी बरसात के रा'द ने भी कहा
तुम वही हो कि जिनको चटखने की मोहलत भी मिलती नहीं
अब रिवायत यही है
निभाओ हँसो
मुस्कराओ जलो
हर इक ज़र्द चेहरा गुलाबी करो
हर इक आँख को अर्ग़वानी[10] करो
मगर याद रक्खो
रिवायत न टूटे
तमव्वुज की हर ताज़गी लाख झुलसे
रिवायत न टूटे

1. परम्परा, 2. प्राचीन, 3. चमक–दमक, 4. आद्रता, बहाव, 5. प्रकट होना, 6. स्थापित, 7. शुरुआत, 8. अन्त, 9. हादसा, 10. लाल।

कुछ अगर है तो मिले

ख़्वाब में आये मुझे मुझसे मिलाये
मुझे सैराबी–ए–दीदार[1] से गुलज़ार करे
ख़्वाब वो ख़्वाब कि हो जिस तमाज़त[2] का फ़ुसूँ–ज़ाद[3]
ख़्वाब वो ख़्वाब कि बन जाये शिकस्त–ए–बे–दाद[4]
कत्थई रंग घुले सुरमई शाम में ऐसे शफ़क़[5]
ख़ून की आँचों से दहक कर फैले
आते–जाते हुए लोगों की तग–ओ–ताज़[6] भी
अन्देशों से अन्जान लगे
जागे ख़दशे[7] भी ख़द्द–ओ–ख़ाल तमन्ना से हूँ मबहूत[8]
हर इक उज़्लत–ए–जाँ[9] शौक़ की शमशीर[10] लिए
फैल के साहिल–ए–पायाब को ग़ारत[11] कर दे
मर्क़द–ए–हीला–ए–बे–सूद[12] मिटे
कुछ अगर है तो मिले
कोई गर है तो चला आये मुझे मुझसे मिलाये
मुझे सैराबी–ए–दीदार से गुलज़ार करे

---

1. दर्शन से तृप्त, 2. गर्मी, 3. इन्द्रजाल, 4. जुल्म की हार, 5. क्षितिज, 6. भाग दौड़, 7. संशय, 8. चकित, 9. विरक्त, 10. तलवार, 11. नष्ट, 12. व्यर्थ की बहानेबाज़ी।

कैथार्सिस

मैं तिरे ख़्वाबों की दोस्त थी
याद है तूने मेरी बाँहों में
बातों के गजरे पहनाये थे
तूने मेरा झूठा पानी पी के
मेरे होंठ सुनहरे चमकाये थे
तेरे घर में आयी थी
हर्फ़ भी वस्ल के पैराये थे
कच्चे प्याले पे मुँह रख के
मैंने प्यास की ख़ुश्बू सूँघी
ओस ने दीद से रिश्ता बाँधा
रस ने रंग की चोली पहनी
घर में ख़्वाब की शाख़ लगा के
सोचा था दीवार ढकेगी
बेल उम्र या चढ़ जायेगी
कितने मीठे ख़्वाब थे जिन का
ज़िक्र करो तो होंठ कसीले
कितने अनोखे रिश्ते थे वो
ख़्वाब से सच्चे ख़्वाब से झूठे
जीना–मरना ढोंग पुराना
बिछड़ के तुझ से वो भी जियेगा
तू भी हँसेंगी ज़िन्दा रहेगी
उसके घर भी सभा सजेगी

हम गुनहगार औरतें

ये हम गुनहगार औरतें हैं
जो अहल–ए–जुब्बा[1] की तमकनत[2] से न रोब खायें
न जान बेचें
न सर झुकाएँ
न हाथ जोड़ें

ये हम गुनहगार औरतें हैं
कि जिनके जिस्मों की फ़स्ल बेचें जो लोग
वो सरफ़राज़[3] ठहरें
नियाबत–ए–इम्तियाज़[4] ठहरें
वो दावर–ए–अहल–ए–साज़[5] ठहरें

ये हम गुनहगार औरतें हैं
कि सच का परचम उठा के निकलें
तो झूठ की शाहराहें[6] अटी मिले हैं
हर एक दहलीज़ पे सज़ाओं की दास्तानें रखी मिले हैं
जो बोल सकती थीं वो ज़बानें कटी मिले हैं

ये हम गुनहगार औरतें हैं
कि अब तआकुब[7] में रात भी आये
तो ये आँखें नहीं बुझेंगी

कि अब जो दीवार गिर चुकी है
उसे उठाने की ज़िद न करना!

ये हम गुनहगार औरतें हैं
जो अहल–ए–जुब्बा की तमकनत से न रोब खायें
न जान बेचें
न सर झुकायें न हाथ जोड़ें!

---

1. धर्म के ठेकेदार, 2. अभिमान, 3. सम्मानित, 4. विशेष प्रतिनिधि, 5. प्रधान प्रमुख, 6. राजमार्ग, 7. खोज।

कड़े कोस

हर्फ़[1]
गोयाई[2] की ज़ंजीर में जब क़ैद हुआ
इस्म[3] बना
अहद[4] बना
नज़्म[5] बना
क़िस्सा–ए–काम–ओ–दहन का ग़म–ए–मतलूब[6] बना
ख़ूब–ओ–ना–ख़ूब[7] बना
हर्फ़–ए–ना–गुफ़्ता
मगर ज़ेहन का आज़ार[8] बना
दिल की दीवार बना
राह–ए–दुश्वार बना
क़िस्सा–ए–शौक़ की वारफ़्ता[9] कहानी न बना
हीला–ए–वस्ल[10] की ग़म–दीदा निशानी न बना
वार है मंज़िल–ए–गोयाई
सभी जानते हैं
हर्फ़–ए–ना–गुफ़्ता[11] के ये ज़ख़्म मगर मेरे हैं
जिनको तन्हाई मिरी
मुझसे सिवा[12] जानती है

---

1. अक्षर, 2. बातचीत, 3. संज्ञा, नाम, 4. वादा, 5. कविता, 6. इच्छित दुख, 7. अच्छा और बुरा, 8. दुख, 9. बिसरी हुई सी, 10. मिलन की चेष्टा, 11. न कहे जा सकने वाले अक्षर, 12. अधिक।

ज़िला-वतनी[1]

आज सरहद पे ख़ामोश तोपों के होंठों पे
पपड़ी की तह भी चटख कर गिरी है
हर इक रोज़ सुब्ह सवेरे से तारीकियों[2] की तहों तक
अकेला ही चलता है सूरज
उदासी से हर आँख को अपनी जानिब तवज्जोह[3] की ख़ातिर
बुलाता है लेकिन
निगाहें मिलाने का हर हौसला
हर बदन में
फ़क़त सिसकियों की तरह जागता है
अब फ़क़त आबरू का धुआँ कोहर बन के रुका है
बस अब बुलबुलों के तरन्नुम में भी
नौहा–ए–ज़िन्दगी[4] के सितम–ख़ेज़[5] तूफ़ान हैं
अब फ़क़त मेरे अपने चहीतों की लाशों के अम्बार हैं
अब तो ख़र[6] भी यहाँ हिनहिनाते नहीं
जंग–बन्दी नहीं सरहदें भी नहीं
ऐ मिरी मुझसे रूठी हुई
मेरे पदमा की ए ज़िन्दा–तर सरज़मीं
मेरी आँखों तेरे आसमानों
तेरी और मेरी सरहदों के वो सब फ़ासले
जो मगर कुर्बतों[7] के सिवा कुछ न थे

आज क्यूँ आँख में अश्क बन के रुके हैं
भला क्यूँ मुझे
तेरी कुर्बत के सायों को धुँधलाहटों में बदलते हुए
देखने के लिए ज़िन्दा रहना पड़ा है

---

1. देश–निकाला, 2. अन्धेरों, 3. ध्यानाकर्षण, 4. जीवन के विलाप, 5. दुखदाई, 6. गधा, 7. करीबियों।

घास तो मुझ जैसी है

घास भी मुझ जैसी है
पाँव–तले बिछकर ही ज़िन्दगी की मुराद पाती है
मगर ये भीगकर किस बात की गवाही बनती है
शर्मसारी की आँच की
कि जज़्बे की हिद्दत[1] की
घास भी मुझ जैसी है
ज़रा सर उठाने के क़ाबिल हो
तो काटने वाली मशीन
उसे मख़मल बनाने का सौदा लिए
हमवार[2] करती रहती है
औरत को भी हमवार करने के लिए
तुम कैसे–कैसे जतन करते हो
न ज़मीं की नुमू[3] की ख़्वाहिश मरती है
न औरत की
मेरी मानो तो वही पगडण्डी बनाने का ख़्याल दुरुस्त था
जो हौसलों की शिक़स्तों की आँच न सह सकें
वो पैबंद–ए–ज़मीं होकर
यूँही ज़ोर–आवरों के लिए रास्ता बनाते हैं
मगर वो पर–ए–काह[4] हैं
घास नहीं
घास तो मुझ जैसी है!

---

1. गर्माहट, 2. समतल, 3. अभिव्यक्ति, 4. तिनके।

आख़िरी फ़ैसला

काँटों की चट्टान पे खड़ी
मैं आँखों की सूइयाँ निकाल रही हूँ
ये इलाक़ा किस सल्तनत में शामिल है
मुलूकियत मेरी ज़बान पे काँटे
हल्क़ में फ़न्दा
आँखें बाहर
शाह–बलूत के लम्बे दरख़्तों जैसे
लम्बे पूत बहुत हो गये हैं
जंगल में दरख़्त ज़ियादा हो जायें
तो आग लगाकर दरख़्त कम कर दिये जाते हैं

बाहर निकली हुई आँख से ज़ाफ़रान का खेत
और कटे हुए बाज़ुओं से गन्ने की पोरियाँ बन गयी हैं

हमने एक झूठ बोला था ना
अब सारी उम्र उसको सच साबित करने में गुज़ार देंगे

हम कि जो ज़िन्दगी भर
अपने हिस्से की रोटी कमाने की कोशिश करते हैं
और भूके रहते हैं

झूठी आस की छतरी तले
बुलबुले जैसे आँसू

बताशों की तरह थाल में सजाये
कब तक बतलाती रहोगी
कि वो तुम्हारा क़ातिल नहीं है

क़त्ल महज़ सानिए[1] में
ज़िंदगी का रिश्ता ख़त्म करने का नाम नहीं
मौजूद से इनकार भी
तो क़त्ल के मुतरादिफ़[2] होता है

मेरा जी करता है
वो जो सब मेरे क़ातिल हैं
मैं उन्हें हवा की तरह निगल जाऊँ

---

1. हादसे, दुर्घटना, 2. समान।

आख़िरी ख़्वाहिश

आज तो मेरे कपड़े भी पानी की तरह भारी हैं
मौत का काजल आँखों में लगाना
और आँखों में पट्टी बाँधकर तार पे साइकल चलाना
एक जैसा अमल है
ज़िन्दा रहने का अमल
मुर्दा ज़िन्दगी की दरयूज़्गी[1] से
अंगूर की तरह रंग बदलकर दो–आतिशा होना
पिघली हुई मोमबत्ती की रौशनी के आख़िरी वार
की तरह कारी[2] होता है

बिल्ली अपने शिकार से
पहले खेलती है फिर खाती है

आज जबकि मेरे कपड़े पानी की तरह भारी हैं
मेरी बिनती सुनो
मुझसे खेलना बन्द कर दो
मुझे खा जाओ

---

1. भीख माँगना, 2. भरा–पूरा।

सोने से पहले एक ख़्याल

मुझे नवम्बर की धूप की तरह मत चाहो
कि इसमें डूबो तो तमाज़त[1] में नहा जाओ
और इससे अलग हो तो
ठण्डक के पोर–पोर में उतरता देखो

मुझे सावन के बादल की तरह चाहो
कि उसका साया बहुत गहरा
नस–नस में प्यास बुझाने वाला
मगर उसका वजूद पल में हवा
पल में पानी का ढेर

मुझे शाम की शफ़क़[1] की तरह मत चाहो
कि आसमान के कुर्मुज़ी रंगों की तरह
मेरे गाल सुर्ख़
मगर लम्हा–भर बाद
हिज्र[3] में नहाकर, रात–सी मैली मैली

मुझे चलती हवा की तरह मत चाहो
कि जिसके क़याम[4] से दम घुटता है
और जिसकी तेज़–रवी[5] क़दम उखेड़ देती है

मुझे ठहरे पानी की तरह मत चाहो
कि मैं इसमें कँवल बन के नहीं रह सकती हूँ

मुझे बस इतना चाहो
कि मुझमें चाहे जाने की ख़्वाहिश जाग उठे!

---

1. गर्माहट, 2. क्षितिज की लाली, 3. जुदाई, विरह, 4. रुकना, 5. तेज़ गति।

आँख-मिचोली

बन्दर चूहा ख़रगोश
हँसते हँसते थे बेहोश
पास थी एक गिलहरी भी
थी चूहे से मोटी भी
और कुत्ता था मुँह खोले
टाँगों में था नेकर पहने
सब से बड़ी थी लोमड़ी
थी उसकी मोटी खोपड़ी
ये सब ही प्यार से रहते थे
सब नाचते–गाते हँसते थे

इक दिन वो बोले ख़ुश हो के
हम आँख–मिचोली खेलेंगे
जो पकड़ा जाये चोर बने
उस की आँखों पे पट्टी बँधे
जो भी पकड़ा न जायेगा
आख़िर राजा कहलायेगा

पहले कुत्ते की बारी थी
उसकी सबसे ही यारी थी
उसने सोचा किसको पकड़ूँ
आख़िर मैं किसको चोर कहूँ

इतने में बोला बन्दर भी
आये हैं मियाँ–छछूंदर भी
कहते हैं मैं भी खेलूँगा
मैं आख़िर सबको पकडूँगा

कुत्ते ने कहा आने दो इसे
हाँ चोर ज़रा बनने दो इसे

ये सुन के शेख़ी में आ के
ख़ुद आप छछूंदर ने बढ़ के
कुत्ते से कहा मुझको पकड़ो
मेरे मुँह पे पट्टी बाँधो
मैं हर एक को पकडूँगा
आख़िर राजा कहलाऊँगा

अहमक़ थे मियाँ छछूंदर भी
पढ़ते थे अन्तर–मन्तर भी
कोई भी हाथ न आता था
कोई भी चोर न बनता था
थक–थक के हाल ख़राब हुआ
लेकिन न कोई किसी को हाथ लगा
अच्छा नहीं शेख़ी में आना
अच्छा नहीं होता इतराना

ख़ुदाओं से कह दो

जिस दिन मुझे मौत आये
उस दिन बारिश की वो झड़ी लगे
जिसे थमना न आता हो
लोग बारिश और आँसुओं में
तमीज़ न कर सकें

जिस दिन मुझे मौत आये
इतने फूल ज़मीन पर खिलें
कि किसी और चीज़ पर नज़र न ठहर सके
चराग़ों की लवें दिये छोड़ कर
मेरे साथ–साथ चलें
बातें करती हुई
मुस्कराती हुई

जिस दिन मुझे मौत आये
उस दिन सारे घोंसलों में
सारे परिन्दों के बच्चों के पर निकल आयें
सारी सरगोशियाँ जलतरंग लगें
और सारी सिसकियाँ नुक़रई[1] ज़मज़मे[2] बन जायें

जिस दिन मुझे मौत आये
मौत मेरी इक शर्त मानकर आये

पहले जीते–जी मुझसे मुलाक़ात करे
मिरे घर–आँगन में मेरे साथ खेले
जीने का मतलब जाने
फिर अपनी मनमानी करे

जिस दिन मुझे मौत आये
उस दिन सूरज ग़ुरूब[3] होना भूल जाये
कि रौशनी को मेरे साथ दफ़न नहीं होना चाहिए

---

1. चाँदी की तरह, 2. चहचहाना, ख़ुशी के गीत, 3. अस्त।

क़ैद में रक़्स[1]

सब के लिए ना–पसन्दीदा उड़ती मक्खी
कितनी आज़ादी से मेरे मुँह और मेरे हाथों पर बैठती है
और इस रोज़मर्रा से आज़ाद है जिसमें मैं क़ैद हूँ

मैं तो सुब्ह को घर–भर की ख़ाक समेटती जाती हूँ
और मेरा चेहरा ख़ाक पहनता जाता है
दोपहर को धूल और चूल्हे की आग
ये दोनों मिलकर वार करती हैं
गर्दन पे छुरी और अंगारा आँखें
ये मेरा शाम का रोज़मर्रा है
रात–भर शौहर की ख़्वाहिश की मशक़्क़त
मेरी नींद है

मेरा अन्दर तुम्हारा ज़हर
हर तीन महीने बाद निकाल फेंकता है
तुम बाप नहीं बन सके
मेरा भी जी नहीं करता कि तुम मेरे बच्चे के बाप बनो

मेरा बदन मेरी ख़्वाहिश का एहतिराम[2] करता है
मैं अपने नीलो नील बदन से प्यार करती हूँ

मगर मुझे मक्खी जितनी आज़ादी भी तुम कहाँ दे सकोगे
तुमने औरत को मक्खी बनाकर बोतल मे बन्द करना सीखा है

---

1. नृत्य, 2. सम्मान।

हमने ख़्वाहिशों के सारे परिन्दे उड़ा दिये हैं

शुरू' शुरू' में अचम्भे अच्छे लगते थे
शौक़ भी था और दिन भी भले थे
अच्छे लोगों से मिलने का शौक़ जुनून की हद तक
हर लम्हा बेताब लिए फिरता था
जब कोई अपना हीरो
अपने आदर्श का पैकर सामने आता
जी ये चाहता
आँखें बिछायें दिल में बिठायें
बातें सुनें इतनी बातें
सैल–ए–ज़माँ[1] से ऊँची बातें
दिल के गहरे ग़म की बातें
दूरी और नज़दीकी
लफ़्ज़ बहुत छोटे हैं
उन लफ़्ज़ों को परखो तो
इन्सान और भी छोटे निकलते हैं
पास बुलाकर जिसे देखो
उसका चेहरा फ़क़ बे–रंग
भभूत की सूरत काला–काला
क्या सूरज बहुत नीचे आ गया है
क्या माँओं ने बच्चे जनकर
दूध पिलाना छोड़ दिया है

गोलियाँ खा के दूध के सोते[2]
ख़ुश्क करने वाली माँओं
प्लास्टिक के बैग्स में रात–रात–भर
बच्चों का पेशाब जज़्ब करने वाली माँओं
नींद तुम्हारी मीठी है
ठीक है तुम भी बेबस हो
मर्द घरों से ग़ायब हों तो
माँ की ममता बिलक–बिलक कर
नींद की गोली के आँगन में सो जाया करती है
ख़्वाब–आवर गोली
ये भी तो आज की अहम ज़रूरत है
मसनूई[3] पलकें आँखों से उतार के
असली चेहरा मत देखो
गोलियाँ खाओ सो जाओ आराम करो
सुब्ह तुम्हारे सर के ऊपर सूरज की
और भी गर्म शुआएँ[4] रक़्स[5] करेंगी
अच्छे लोग सुब्ह को कुछ और शाम को कुछ
और रात को उनके ख़ून की तुग़्यानी[6] में
उनके हाथ और उनकी आँखें
बिल्कुल जंगली चूहे जैसी मा'लूम हों
पहले–पहल ये अचम्भा था
ख़ौफ की तह में अनजाने को जानने की ख़्वाहिश
मकड़ी के जाले की मानिन्द फ़ैली
पहले–पहल पिस्तानों में दर्द की टीसें बहुत उठीं
फिर याद नहीं
मसनूई पलकें इतनी लम्बी हैं
मैं अपने पैर के नक़्श के आगे देख नहीं सकती हूँ
कहते हैं कि हवा चली है
खेप नये लोगों की

जिनको अच्छा कहने वाले साथ–साथ हैं
पहुँच गये हैं शहर किनारे
सूरज अब तो इतना नीचे आ पहुँचा है
उसको उठा के दूर किसी कोने में दफ़न करो
रात की चादर ओढ़ने से पहचान का रिश्ता
शुक्र ख़ुदाया टूट जाता है
ऐ रब तू वाली–ए–कौन–ओ–मकाँ[7]
तू सबके दिलों के हाल से वाक़िफ़ है
तो हमको बता हम क्या सोचें
हमने ख़्वाहिशों के सारे परिन्दे उड़ा दिये हैं

---

1. जमाने के बहाव, 2. स्रोत, 3. कृत्रिम, बनावटी, 4. किरणें, 5. नृत्य, 6. नेज़ बहाव, 7. सारी सृष्टि का मालिक।

क़शीद शब

आज की रात भी फिर ख़्वाब जगायेंगे मुझे
फिर वो करवट से ख़यालों के तसलसुल को मिटाने की
कशीद–ए–कोशिश
जिस्म के दर्द को सिलवट में समो के
वही बिस्तर पे तड़पते हुए महजूरी–ए–जानाँ को
कभी आह कभी साँस की गहराई में शल करने की
सई–ए–नाकाम
ये भी मालूम है
ये नीम रस्सी फहम की दीवार तलक जस्त
ये साये की तस्वीर किसी शक्ल–ओ–शबाहत के
तसलसुल के निशाँ हैं लेकिन
ना–सुबूरी ये बदन तोड़ती अँगड़ाइयाँ
होंठों पे महकती लर्ज़िश
बात को रब्त के आहंग में लाने की तलब
मेरे सीने का धुआँ आँखें शराबोर किये
हर बुन–ए–मू को मुलाक़ात का जूया कर दे
आँख चढ़ते हुए दरिया की तरह है पुर–आब
पाँव फिस्ले है तो फिर साँस का रिश्ता न रहे
हम तो चाहें मगर इस दिल को ये अच्छा न लगे
जाँ–कनी हद से बढ़ी चारागरो कुछ तो करो

नफ़ी[1]

मैं थी आईना फ़रोश[2]
कोह–ए–उम्मीद[3] के दामन में
अकेली थी ज़ियाँ कोशिश[4]
सुरय्या की थी हम–दोश[5]
मुझे हर रोज़ हमा–वक़्त[6] थी बस अपनी ख़बर
मैं थी ख़ुद अपने में मदहोश

मैं वो तनहा थी
जिसे पैर मिलाने का सलीक़ा भी न था
मैं वो ख़ुद–बीं[7] थी
जिसे अपने हर इक रुख़ से मोहब्बत थी बहुत

मैं वो ख़ुद–सर[8] थी
जिसे हाँ के उजालों से बहुत नफ़रत थी
मैंने फिर क़त्ल किया ख़ुद को
पिया अपना लहू हँसती रही
लोग कहते हैं हँसी ऐसी सुनी तक भी नहीं

---

1. अस्वीकृति, नामंज़ूरी, 2. बेचने वाली, 3. उम्मीद का पर्वत, 4. दुराचारी, 5. बराबर, 6. हर समय, 7. स्वार्थी, 8. उद्दण्ड।

शिकस्त-ए-रंग

मुझे मग़्लूब[1] करने को
मिरे जज़्बात के अंदोख़्ता[2] हीलों को उकसाकर वो कहते हैं
तिरी आँखों तिरी बाँहों में
जन्नत के शगूफ़ों की महक
आसाइशों[3] की लज़्ज़तों का लम्स[4] रचता है
मगर अब ख़्वाहिशें पाँव पकड़ती हैं
नये ख़्वाबों के जालों में उलझते साँस कहते हैं
कभी न फैले हाथों के तमव्वुज[5] में सिमट जाने की
तरग़ीब–ओ–इशारत को
गुज़रती साअ'तों[6] से मावरा[7] ऐसे ज़मानों की
फ़ज़ा समझो
जहाँ साये सिमटकर एक हों
तस्लीम–ए–जाँ तक की हुमक जागे
कभी ठहरो
कभी बढ़ती हुई मौजों से हम–आग़ोश[8] होती
तेज़ लहरों की फज़ा होने में
यक–जानी[9] की पिन्हाँ[10] सरख़ुशी देखो
कभी उस जब्र–ए–बे–अन्दाज़[11] के फ़न्दे से निकलो
और रचो उसमें कि वो ख़ुद तुममें रचने के लिए बेताब
दाइम[12] है
रचाओ हाथ में इस तरह मेहंदी

लोग कह उठें
उसे चाहत के बे–पायाँ[13] तपिश की हिद्दतें[14] गुलज़ार
करती हैं
रचाओ हाथ में इस तरह मेहंदी
ये तपाँ नंगी हथेली अपना पैकर
सुर्ख़ियों से ढाँप ले ऐसे
कि दिल के तिश्नगी[15] आसार जज़्बे भी
तज़ब्जुब[16] के धुँधलकों से निकलकर
रोज़–ओ–शब की नग़्मगी को जज़्ब करने पर हों आमादा[17]
मगर रंगों को आख़िर
जब्र–ए–बे–रंगी का ख़म्याज़ा मुक़द्दर है
अगर यूँ अपने हाथों से लगायी मेहंदियों के रंग उड़ जायें
तो हसरत–ज़दा[18] आँखें किसे चाहें
किसे पाबन्द–ए–दर समझें
किसे ढूँढ़ें

---

1. वशीभूत, 2. अर्जित, 3. समृद्धि, 4. स्पर्श, 5. बहाव, 6. घड़ियों, 7. अलग, 8. आलिंगनबद्ध, 9. दो का एक हो जाना, 10. छुपी हुई, 11. अथाह यातना, 12. परमानेन्टली, 13. अनन्त, 14. गर्माहटें, 15. प्यास, 16. सन्देह, 17. तत्पर, 18. प्रेम की मारी हुई।

ख़िज़ाँ का गीत

मुझको देखो तो फिर इस ख़ेमा–ए–हिर्मां[1] से निकलकर देखो
देखो तो पीले गुलाबों से भी बढ़ के
मिरे रुख़सार[2] की पीली रंगत
देखो वो आँखें जिन्हें ख़्वाब–परस्त[3]
झील कहा करते थे
अब वही आँखें हैं, ग़ारों[4] की तरह से वीराँ
और वही हाथ कि जो ताज़ा शिगूफ़ों[5] से भी
नाज़ुक थे कभी
आज सूखी हुई रोटी की तरह ख़ाकस्तर[6]
और वो नक़्शे–कफ़े–पा[7]
कि जो रस्तों को गुलाबी कर के
दाइमी[8] रक़्स–ए–बहाराँ[9] के अमीं[10] होते थे
आज हैं उजड़े दयारों[11] की तरह
तुम कि हो ख़ेमा–ए–हिर्मां में मुक़ैयद[12] अब तक
ख़ुद को इक साया–ए–शब[13] कहते हो
और फिर अपने ही साये से गुरेज़ाँ[14] भी हो
झाँक तो लो कभी ख़ुमख़ाना–ए–दिल[15] के अन्दर
और कभी दुनिया का नैरंग[16] तमाशा देखो
कुछ न हो तो ये मिरा उजड़ा सरापा[17] देखो

---

1. निराशा रूपी तम्बू, 2. गालों, 3. स्वप्नजीवी, 4. गुफाओं, 5. कलियों, 6. तुच्छ, 7. पद–चिह्न 8. स्थायी, सतत, 9. बहारों का नृत्य, 10. साक्षी, संरक्षक, 11. मैदानों, 12. बन्दी, क़ैद, 13. रात का साया, 14. विमुख, 15. हृदय रूपी मदिरालय, 16. मायावी, 17. सम्पूर्ण अस्तित्व।

इस्बात

मेरे वीराना–ए–तन में[1] जागा
ज़ीस्त[2] का कामनी अहसास
सबुक सारी–ए–साहिल[3] का फ़ूसूँ[4]
और बेपायाँ[5] उमड़ती हुई लहरों का ज़बूँ[6]
मुझसे पूछा मिरे हर इक अंग ने
अब तो बोलो!
क्या तुम्हें फूल के खिलने का सबब[7] है मालूम
मैं हँसी
और मची सहन[8] में धूम

---

1. शरीर के वीराने में, 2. जीवन, 3. सागर–तट की बेफ़िक्री, 4. जादू, 5. असीम, 6. उत्थान–पतन, 7. कारण, 8. आँगन।

ख़्वाब में ख़्वाब का डर

किसने कहा था उनसे मिलो
बात भी करो
ईंटों का रंग सुर्ख़[1] है,
दीवार भी है सख़्त
दीवार पर जड़ी हुई शीशे की टुकड़ियाँ
नाज़ुक हथेलियों को करेंगी लहूलुहान
आँगन में उसके झाँकने देंगी न रात को
अब तो हवा के साथ भी बातें करोगी तुम
दिन में तो दफ़्तरों के मशाग़िल[2] बहुत से हैं
रातों को दिल का चोर न सोये न सोने दे

---

1. लाल, 2. कार्य।

कँवारपने की सोच

जवान लड़कियाँ टीन की छत के ऊपर खड़ी सोचती हैं
ये गर्मी जो पाओं को लिपटी हुई है
अगर सख़्त ठिठुरे हुए जिस्म में फैल जाये
तो हल्की गुलाबी नसों को
दहकते हुए सुर्ख़[1] शोलों की भट्ठी बना दे
हर इक नब्ज़ को नब्ज़–ए–तूफ़ाँ[2] बना दे
हर इक साँस को शोला–सामाँ[3] बना दे
हर इक ख़्वाब को रिश्ता–ए–जाँ[4] बना दे
मगर फिर ये तूफ़ाँ–ज़दा[5] ज़िन्दगी
क्या यूँ ही फिर झुलसती हुई धूप में
टीन की छत के ऊपर खड़े
आते–जाते मुसाफ़िरों के साये को तकती रहेगी!

---

1. दग्ध, लाल, 2. तूफ़ान की नब्ज़, 3. लपटें उठाती हुई–सी, 4. प्राणों से सम्बद्ध, 5. तूफ़ानों की सतायी हुई।

पहला सफ़ेद बाल

वहशत–आमेज़[1] ख़यालों की लकीरें जागीं
शोला–ए–ख़्वाहिश–ए–नायाफ़्त[2] भड़ककर चमका
साये लम्बे हुए सब बीते हुए बरसों के
ज़हन[3] ने उम्र–ए–गुरेज़ाँ[4] से तअल्लुक़[5] बाँधा

आईना, होश की मिक़्राज़[6] बना
पेश–गोई[7] के हयूलों[8] के हवाले करके
कर गया सीना–ए–सोज़ाँ[9] की तपिश को अर्ज़ंग[10]
आतिशीं ज़हर–सा[11] रग–रग में मिरी छोड़ गया
बेकराँ[12] शौक़ की मौजों[13] का फुसूँ[14] तोड़ गया

काले बालों में वो मरमर[15] की चमक
यख़ सफ़ेदी[16] के तनावों में निहाँ[17]
ढीली पड़ती हुई गुज़रे हुए बरसों की गिरफ़्त
मुझको अन्देशों[18] की दहलीज़ पे ले आयी है
आईना, शौक़ की तक़सीर[19] बना!

---

1. उन्माद–युक्त, 2. अतृप्त इच्छाओं का शोला, 3. मस्तिष्क, 4. बीती हुई आयु, 5. सम्बन्ध, 6. कैंची, 7. भविष्य–कल्पना, 8. ख़याली आकारों, 9. दग्ध हृदय, 10. चीन के एक विख्यात चित्रकार, 11. जलते हुए ज़हर के जैसा, 12. असीम, 13. लहरों, 14. जादू, 15. संगेमरमर, 16. बर्फ़ जैसी सफ़ेदी, 17. निहित, रचा हुआ, 18. आशंकाओं, 19. दोष, ग़लती।

यूसुफ़े-ए-कामरान*

वो तो मुजरिम[1] था मुहब्बत का
मैं उसे जानती थी
मैं तो उस शख़्स के हर नक़्श[2] को पहचानती थी
मैं उसे चाहती थी

वो शफ़क़–रंग[3] हया[4] जिसको कहें
थी ये मेरी वफ़ा की ताबीर[5]
वो बहाना जिसे चश्मक[6] समझें
थी मिरे–तिरे तअल्लुक़[7] की नज़ीर[9]

तू कि महबूब[9] मुझे था, मुझे मालूम है ये
तू कि मुजरिम था
मेरे प्यार, मेरी चाहत का

तू कि दीवाना–ए–मुख़्फ़ी–ए–मुहब्बत[10] था सदा
तुझको क्या सूझी
कि क़दमों के निशाँ उलझाकर
चेहरा–ए–ज़र्द[11] लिए

मेरी हथेली पे लगी मेहंदी को धुँधलाने लगा
जेल की गर्म सलाख़ों से

मिरे बच्चों को तड़पाने लगा
तू कि मुजरिम था मुहब्बत का

ज़माने को ख़बर कैसे हुई!!

---

*कामयाब यूसुफ़

1. अपराधी, 2. अन्दाज़, तेवर, 3. सुबह की लाली के समान, 4. लज्जा, संकोच, 5. पूर्णता, स्वप्न–पूर्ति, 6. गुप्त संकेत, 7. सम्बन्ध, 8. मिसाल, 9. प्रिय, 10. आन्तरिक प्रेम का दीवाना, 11. पीला चेहरा।

नीलाम-घर

मौत का ज़ाएक़ा[1]
लफ़्ज़ों के पैकर[2] में
उसके होंठों से टपकता है
वो नफ़रतों को बोसों[3] का रंग देकर
मेरे मुँह पर नीले–नीले दाग़ डालकर
ये जताना चाहता है
कि उसे मेरे जिस्म को हर तरह से इस्तेमाल करने का हक़ है
ये हक़ भी क्या अजीब होता है!
हक़ जताने की ख़्वाहिश
महकूमियत[4] की ढाल पे अपना छत्र बनाती है
हक़ जताने की ख़्वाहिश
हर किज़्ब[5] और रियाकारी[6] को सदक़े होती
मुहब्बतों का नक़ाब उढ़ाती है
मगर नक़ाब के नीचे से चेहरा
अब तो और भी साफ़, और भी वाज़ह[7] नज़र आता है
तर्गीब[8] और तज़लील[9] यकजान[10] होकर
रूह बनते हैं
नफ़रतों की झील में पाँव लटकाकर बैठने से
माथों पे लिखी उज़लतों[11] की सियाहियाँ[12] धुल तो नहीं जाती हैं
हाँ, मुसाफ़तों[13] की मायूसियों की मिट्टी
अपना आप छोड़ देती है

तपे हुए तन्नूर से जिस तरह फूली हुई रोटियाँ बाहर निकलती हैं
मेरे मुँह पर तमाचा मारकर
तुम्हारे हाथों की उँगलियों के निशान
फूली हुई रोटी की तरह
मेरे मुँह पर सद–रंग[14] ग़ुबारे छोड़ जाते हैं
तुम हक़ वाले लोग हो
तुमने मुहर[15] के इवज़[16] हक़ की बोली जीती है

---

1. स्वाद, 2. शरीर, 3. चुम्बनों, 4. परवशता, गुलामी, 5. मक्कारी, झूठ, 6. पाखण्ड, 7. स्पष्ट, 8. प्रलोभन, 9. अपमान, तिरस्कार, 10. एक जान, 11. एकान्तवास, 12. कालिमाएँ, 13. यात्राओं, 14. सैकड़ों रंग के, 15. अशर्फ़ी, 16. बदले में।

तिरा लुटिया शहर भंभोर

नींद नहीं आती
बिस्तर की ख़्वाहिश भी आसूदगी[1] चाहती है
मैं सितारे गिनते–गिनते
ये सोचती हूँ कि सितारों की गिनती
तो तुम्हें गला घोंट के मार डालने की गिनती से कहीं कम है
तुममें भी ख़्वाहिश है
मुझसे ख़ूबसूरत बने रहने
और नित नये डिज़ाइनों के कपड़ों में
लिपटे रहने की

कैलेंडर की तस्वीर बदलती है
रोज़–ओ–शब[2] की तल्ख़ी[3] नहीं बदलती
रोज़, सह[4] पहर से रात
क़दमों की चाप की बाज़याफ़्त[5]
या टेलीफ़ोन की घण्टी से
वापिस आने की तसल्ली के हर्फ़[6] की उम्मीद में
बसर होती, मुन्तशिर[7] होती रात, और फिर दिन
क्रीज़ में सजे धुले–धुलाये कपड़ों
की तरह गुज़र जाता है
सह पहर से रात
फिर वही अहसास

फिर वही ख़्वाहिश
ताले में चाबी घूमती है
मैं करवट बदलकर लेट जाती हूँ
मर्तबान में बन्द तितली की तरह
सहरा में घूमते
अकेले चीते की तरह
मगर नींद नहीं आती है

---

1. सन्तोष, तृप्ति, 2. दिन–रात, 3. कड़वाहट, 4. तीन, 5. गूँज, प्रतिध्वनि, 6. बात, शब्द, 7. अस्त–व्यस्त, परेशान।

जारोब-कश*

दूसरों की सेवा
पत्थरों की सेवा के बराबर है
बहन बीवी और माँ के रिश्तों
की ख़ातिर जीने वाली
तुम अपने लिए भी तो जियो!
देखो कँवल का फूल कैसे आलम[1]
और कैसे माहौल में अपनी अना[2]
और अपने वजूद[3] का ऐलान करता है
तुम क्यों आठ साल छोटे भाई के
गुस्से भरे तहक्कुम[4] को मानकर
खिड़की से झाँककर मुस्कराते चेहरे
की तलाश से आँखें चुरा लेती हो!
तुम क्यों पैंतीस बरस की उम्र की होकर
ख़ुद को सँवारना बन्द कर देती हो
कि तुम्हें अपने शौहर के ज़हर में बुझे
फ़िक़रों से तलाक़ की बू आती है
तुम माँ होने के नाते
अपने अन्दर के बच्चे को
गोश्त–पोस्त बच्चों की भेंट चढ़ाकर
ममता का नाम देती हो!
जैसे कच्चे रंगों के धागे

पानी के एक ही क़तरे से रंग छोड़ देते हैं
ये सब रिश्ते
कच्चे रंगों के धागे हैं
सब पत्थर हैं
इनके ऊपर चलो तो भी लहूलुहान
इनको सहो, तो भी लहूलुहान
पर अपने लिए जीना क्यों मुमकिन नहीं!
मेरी बन्नो!
सूरजमुखी की तरह
घर के हाकिम[5] की रज़ा[6] पर
गर्दन घुमाते–घुमाते
मेरी रीढ़ की हड्डी चटख गयी है
जिस्म का सारा बोझ सहने वाली हड्डी
चटख गयी है

---

*झाड़ू लगाने वाली

1. स्थिति, दशा 2. अहं, स्वाभिमान, 3. अस्तित्व, 4. आदेश, 5. शासक, मालिक, 6. इच्छा, मर्ज़ी।

क्लीअरेंस सेल

सुनो! ऐ बानवे गुफ़्त–आशना[1] नया क़िस्सा
निकल के आयी है लैला हया[2] के महमिल[3] से
सुना है मस्अला दरपेश[4] है चुनाओ[5] का
हो आबनोसी[6] बदन, शाख़सार बाँहें हों
कुशादा[7] प्यासी, तलबगार[8] बेवज़ू आँखें
वफ़ा–ए–शब के क़रीने[9] से आश्ना[10] आँखें
तुलू–ए–दस्ते–मसीहा[11] की शक्ल में पलकें
झुकें तो साया–ए–अर्बे–सियाह[12] याद आये
महकते हार चमकती गुदाज़[13] बाँहों के
निसार हों नये मेहमाँ की दिलनवाज़ी के
अरूस–ए–वस्ल[14] को फ़िरदौस–आश्ना[15] कर दें
ज़बाँ में ज़ाइक़ा–ए–वस्ल[16] यूँ रचे शब भर
कि ख़त्म हो न ये कुर्बत की साअतों[17] की सहर[18]
बदन के रूप में, मय की सराहतों[19] की तरह
ख़ुमारे–ए–शब[20] में ढलें और भी गुलाब बनें

ज़र–ओ–जवाहर–ओ–लाल–ओ–गुहर[21] का अर्क़ पियें
नसीब जागेंगे दोशीज़गान–ए–नौरस[22] के
नयी सहर के पयम्बर[23] जगा रहे हैं उन्हें
चली भी आओ, बुलाते हैं ज़िल्ल–ए–सुबहानी[24]

---

1. हर तरह की बात समझने वालो! 2. लज्जा, संकोच, 3. ऊँट की पीठ पर सुसज्जित पर्देदार कजावा, 4. सम्मुख, 5. चुनाव, 6. सुकुमार, 7. बड़ी–बड़ी, 8. कुछ चाहती हुई–सी, 9. रात्रि गुज़ारने के शिष्ट आचरण, 10. परिचित, 11. जीवनदाता के हाथ के उठने, 12. काले बादल का साया, 13. भरी–भरी, 14. मिलन के लिए बेचैन, 15. स्वर्गिक आनन्द से परिचित, 16. मिलन का आस्वाद, 17. पलों, घड़ियों, 18. प्रातः, सुबह, 19. सारतत्त्व, 20. रात्रि का खुमार, 21. धन–दौलत, हीरे–मोती, 22. नयी–नयी जवान हुई रूपसियों, 23. ईश्वरीय सन्देशवाहक, 24. ईश्वर की छाया,सर्वोच्च प्रशासक।

तुम से!

इतनी गर्मी
मेरा तन अन्दर से भट्ठी
बाहर 117, 120 की गर्मी
मेहँदी, लम्हे भर को ठण्डक
बीच हथेली आन जगाये
पानी पिण्डे[1] पर डालो तो
आती–जाती ठण्डक
रोयें–रोयें में
ठहर–ठहर के चैन सजाये
ठण्डे पेट और नर्म कटोरों
बीच रखे हाथों में जागे
धूप में जैसे गीले कपड़े
रात में जैसे ख़्वाब का नशा
फैले–फैले और भी फैले
अनछुई गलियों की दूध–सफ़ेदी
जागती, बन्द होती आँखों की सूरत
फूल में ढलने को तड़पे तो
फ़ाख़्ता[2] जैसे बाज़ू खोलो
अँगड़ाई की गर्मी तुमसे नयी चम्बेली[3] माँग रही है

---

1. तन, शरीर, 2. कबूतरी, 3. चमेली।

रात आती है

दो बिस्तर
एक ही कमरे, एक ही छत के साये में
एक पे बहता नींद का सागर
एक पे बेख़्वाबी[1] का सहरा[2]
एक पे नर्म हवा के झोंके
एक पे लू से गर्म थपेड़े

दो बिस्तर एक पे तकिये के आग़ोश[3] का गहरा बादल
एक पे शिकनें[4] उमड़े दरिया जैसी
एक पे ख़्वाब की दीवाली और दहके होंठ
एक पे आँख की वीरानी और सूखे होंठ

दो बिस्तर
एक पे करवट, दरिया मिले समन्दर में
एक पे करवट, निकले आग कि जैसे पत्थर में

दो बिस्तर
बीच न साहिल
और न सहरा
फिर भी डूँगा[5] लम्बा पैंडा[6]

---

1. अनिद्रा, 2. रेगिस्तान 3. गोद, 5. सिलवटें, 5. गहरा, 6. फ़ासला, मार्ग।

चोबे-खुश्क[1] और आग

मिरे इज्ज़[2] को मेरे ख़ुदा के सिवा भला जाने कौन
मिरे शौक़ को मेरे गुनह[3] से सिवा[4] भला जाने कौन
भला जाने कौन तुझे और मुझे
पहचाने कौन तुझे और मुझे
पहचान की मंज़िल कोई नहीं
कोई सब कुछ जान के अनजाना
कोई सब कुछ देख के बेगाना
जिस्मों की हैअत[5] तो सबकी एक–सी है
अन्दर भला किसने झाँका है
अन्दर तो घोर अँधेरा है
हाँ, सबका बाहर एक–सा है
ज़रा झाँको तो
जिस्मों के दरीचे[6] देखो तो
आँखों की पलकें एक–सी हैं
आँखों के डोरे एक नहीं
बाँहें तो उसकी एक–सी हैं
बाँहों का झूलना एक नहीं
हाथों की गर्मी एक नहीं
बातों की नर्मी एक नहीं
कभी तुमने तलवे देखे हैं
कुछ तलवे चाँद के टुकड़े–से

कुछ तलवे कंकर–ज़र्रे–से
कुछ हाथ मुलायम रुई–से
कुछ हाथ दलिद्दर, मिट्टी–से
पर देखे कौन इसे, पहचाने कौन
मिरे शौक़ को, मेरे गुनह से सिवा भला जाने कौन!

---

1. सूखी लकड़ी, 2. बेबसी, 3. पाप, 4. अधिक, ज़्यादा, 5. रूपाकार, 6. रोशन–दान, खिड़कियाँ।

शादी की बीसवीं सालगिरह

कहते हैं लम्हा बीते तो रंग, महक मर जाते हैं
कहते हैं दीवार गिरे तो नक़्श–ए–गुज़श्ता[1] मिट जाते हैं

हमने तपती रात भी पहनी
चढ़ते दिन–सा रूप सहा
शहद–सा इश्क़–अलाव पहना
बर्फ़–सा क़हर और ज़ुल्म पिया
हमने हिज्र[2] की तावीलों[3] में
ख़्वाब–ए–रफ़ाक़त[4] राख किये
हमने रिज़्क़[5] की ज़ंजीरों में
शब–अफ़साने[6] गूँध दिये
मेरे साथ खड़े हैं आज
तेरी उम्र के बीस बरस
ज़ख़्म के आतिशदानों[7] में
क्यों राख भरी इन बरसों की
क्यों ज़ोम–ए–रफ़ाक़त[8] रेत बना
क्यों चाँद में तैरती मछली का
ख़्वाब है अब तक ख़्वाहिश–ए–जाँ[9]
क्यों सूखे पत्तों के घर में
बेताब हुआ है शोला–ए–जाँ
मिरे चेहरे पे तिरे ख़ूकन्दा[10]

मिरे दिल में काग़ज़ की चिड़िया
मिरे घर पे ग़म के वर्क़ लगे
मिरे बालों में चाँदी–दरिया
मैं बीस बरस की लहरों में
क्यों डूब गयी..क्यों डूब गयी...

---

1. पुराने चिह्न, यादें, 2. विरह, जुदाई, 3. संकेतार्थों, 4. प्रेम के स्वप्न, 5. आजीविका, 6. रात्रि में सुनाये जाने वाले क़िस्से–कहानियाँ, 7. भट्ठियों, 8. प्रेम–मैत्री का ख़्याल, 9. प्राणेच्छा, 10. बालियाँ, झुमके।

फ़ादर कॉम्प्लेक्स

तुम्हारे गहरे घने चमकते सफ़ेद बालों में
मेरी ख़्वाहिश की चाँदनी की उदास सुबहें
गुदाज़ पायें
मैं रूठ जाऊँ तो वो मनायें
मैं जाँकनी[1] का नक़ाब ओढ़ूँ
तो दिल में झाँकें
मुझे मनायें
ये तेरे बालों की सुबह–ए–सादा
मुझे सिखायें
सफ़ेद बादल, ज़मीं की प्यासी ज़ुबाँ की
हिद्दत[2] मिटा न पायें
तुम्हारी प्यासों की शान्त शामें
झुलस न जायें
मिरे लिए शर्त–ए–जाँ[3] अजीब है
पलट के देखूँ
तो आग रौनक़ बनी हुई है
जो आगे जाऊँ
तो बादलों से निकलता सूरज
पता न देगा
वो आसमाँ जो हमारे कमरे की खिड़कियों से
हमारे हिस्से का झाँकता है

ये पूछता है
तुम्हारी क़िस्मत के चाँद घटने के दिन
कभी ख़त्म हों तो सोचो
ज़मीं की करवट में
ज़िन्दगी की ख़मीदा[4] दीवार
गिर न जाये!

---

1. मरणासन्न, उदासी, 2. गर्मी, 3. जीवित रहने की शर्त, 4. टेढ़ी, झुकी हुई।

पहली बरसी पर

अदम–आबाद[1] की मिट्टी से सजाओ
ये दर–ओ–बाम[2]
कि मैंने ग़म–ए–हस्ती[3] से
तअल्लुक़[4] की गुज़र–गाह[5] की
सब हाशिया–आराई[6]
तहज़ीब[7] की वादी से परे
दर्द के पुर–हौल[8] धुँधलकों की
सुबुक सीरी–ए–मौहूम[9] की यलग़ार[10] से आगे
किसी अनजाने सफ़र को रह–ए–मक़सूद[11] बनाया
तुम्हें ये रुख़ भी दिखाया!
कि मुझे याद है
मैंने ही कहा था,
तुम्हें तस्वीर–ए–तमन्ना[12] का हर इक रंग दिखाऊँगा
ज़रा सोचो तो
ये भी तो सैरी–ए–हस्ती[13] का तमाशा है
कि मैं रंग से महरूम[14] हूँ
और फूल, हर इक रंग के बिखरे हैं
मिरी क़ब्र मिरी शाम–ए–तअल्लुक़[15] के क़रीं[16]
माँग में सुबह की तहरीर सजाते हुए

ये ज़हन में रखना
कि तुम्हें देखते रहने की तमन्ना लिए
इक शख़्स
तअल्लुक़ की गुज़र–गाह की ख़्वाहिश में है
अब ख़ाक बसर[17]

---

1. परलोक, 2. छत और दरवाज़े, 3. ज़िन्दगी के दुखों, 4. सम्बन्ध, 5. राह, डगर, 6. हाशिये को सजाना–सँवारना, 7. सभ्यता–संस्कृति, 8. भीषण, भयंकर, 9. भ्रमजनित तीव्रता, 10. आक्रमण, 11. अभीष्ट मार्ग, 12. इच्छाओं की तस्वीर, 13. जीवन–भ्रमण, 14. वंचित, 15. सम्बन्धों की शाम, 16. क़रीब, निकट, 17. धूल–धूसरित, ख़ाक उड़ाता हुआ।

ऐ क़ातिब-ए-तक़दीर लिख!

मेरी जैसी माँ ने जनी थी
हीर कि जिसने ज़हर पिया
मेरी जैसी माँ ने जनी थी
कुर्रतुलऐन जो कहलायी
जिसने इल्म[2] के सूखे प्याले को तन–ज़ेब[3] किया
मेरी जैसी माँ ने जनी थी
मीराबाई मतवारी
जिसके इश्क़ की गहरी प्यास को
पैमानों ने लूट लिया
मेरी जैसी माँ ने जनी थी
नूरजहाँ, ग़म–दीवानी
जिसके मज़ार पे फूल न पत्ती
जिसने फ़िराक़[4] का ज़ख़्म सहा,
मेरी जैसी माँ ने जनी थी
क़ौस–ए–क़ज़ह[5]–सी क़लूपतरा
जिसके दर्द को लज़्ज़त[6] कह के
जब चाहा मत्ऊन[7] किया
मेरी जैसी माँ ने जनी थी
नूरी, सस्सी और सोहनी
अपना आप मिटा के जिन्होंने
शहर–ए–वफ़ा[8] आबाद किया

मेरी जैसी माँ ने जनी थी
मल्बी खजूर–सी शहज़ादी
जिसको तेग़[9] की आँच ने झुलसा
जिसने जीवन वार दिया
मेरी जैसी माँ ने जनी थी
मुझ जैसी भी कोख–जली
क़तरा–क़तरा ज़िन्दा रहकर
जिसने मौत को मार दिया

---

1. तक़दीर लिखने वाले, 2. ज्ञान, 3. लबरेज़, भरा–पूरा, 4. विरह, जुदाई, 5. इन्द्रध नुष, 6. आनन्द, 7. बदनाम, रुसवा, 8. वफ़ादरी का शहर, प्रेम–नगर, 9. तलवार।

मैं कौन हूँ

मोज़े बेचती जूते बेचती औरत मेरा नाम नहीं
मैं तो वही हूँ जिसको तुम दीवार में चुन के
मिस्ल–ए–सबा[1] बेख़ौफ़ हुए
ये नहीं जाना
पत्थर से आवाज़ कभी भी दब नहीं सकती

मैं तो वही हूँ, रस्म–ओ–रिवाज के बोझ तले
जिसे तुमने छुपाया
ये नहीं जाना
रौशनी घोर अँधेरों से कभी डर नहीं सकती

मैं तो वही हूँ,
गोद से जिसकी फूल चुने
अंगारे और काँटे डाले
ये नहीं जाना
ज़ंजीरों से फूल की ख़ुशबू छुप नहीं सकती

मैं तो वही हूँ, मेरी हया[2] के नाम पे तुमने
मुझको ख़रीदा, मुझको बेचा
ये नहीं जाना
कच्चे घड़े पर तैर के सोहनी मर नहीं सकती

मैं तो वही हूँ जिसको तुमने डोली बिठा के
अपने सर से बोझ उतारा
ये नहीं जाना
ज़हन गुलाम अगर है क़ौम[3] उभर नहीं सकती

पहले तुमने मेरी शर्म–ओ–हया के नाम पे ख़ूब तिजारत[4] की थी
मेरी ममता, मेरी वफ़ा के नाम पे ख़ूब तिजारत की थी
अब गोदों में और ज़हनों में फूलों के खिलने का मौसम है
पोस्टरों पर नीम–बरहना[5]
मोज़े बेचती जूते बेचती औरत मेरा नाम नहीं

---

1. प्रातःकालीन पवन की तरह, 2. लज्जा, 3. राष्ट्र, 4. व्यापार, 5. अधनंगी।

असीं बुरियाँ वे लोको!*

फ़र्द[1], इकाई, इकलापा[2]
लहर, दरिया, समन्दर, लहर
पानी, मैं और मैं
हिफ़्ज़[3] हिफ़ाज़त दरवाज़ा
बाहर बैठा काला नाग
अन्दर मौत का आवाज़ा[4]
घर उजड़े और शहर आबाद
याद किसी को न अपना नाम
काग़ज़ जैसी दुल्हनें
रद्दी बनकर बिक जायें
दासी, मलिका, घर–रौनक़
फिरनी पे चाँदी के वर्क़
पानी, भूक[5], जलन, ख़्वाहिश
फ़र्द–ए–जुर्म[6] की ख़ूँ–बारिश
दश्त–ए–बदन[7] की सैयाही[8]
ख़्वाब–ए–शफ़क़[9] की जर्राही[10]

फ़र्द, इकाई, इकलापा
लहर, दरिया, समन्दर, लहर
पानी, मैं और मैं
पेट से सबके उबले आग

बाहर बैठा काला नाग
अन्दर मौत का आवाज़ा
दिल–दरवाज़ा

क़लम से छिटकी स्याही निशानी
कंघी, टूटे बाल, कमाई
झूठी रोटी, शुक्र–ए–ख़ुदाया
जीवे साईं[11] क्या सुख पाया
मिट्टी, गारा और ईंटें
सब हैं झूठी बुनियादें
मिट्टी के सीने पे मिट्टी
मिट्टी चाटे बालक
मिट्टी खाये हामिला[12]
मिट्टी आँख दिखाये
मिट्टी ज़ाएक़ा और ज़ुबान
ज़ुबान जपे तिरा नाम
हर्फ़ के सौ बनवास
बोल भी दुश्मन
चुप भी दुश्मन
चलो कहारो, साजन आँगन
मौत के बाद ही वापिस आओ
चलो कहारो!

फ़र्द, इकाई, इकलापा
लहर, दरिया, समन्दर, लहर
पानी, मैं और मैं
दीवारों पे नाचे काग
बाहर बैठा काला नाग
अन्दर मौत का आवाज़ा

ख़मियाज़ा[13]
शहर शिगुफ़्ता[14], घर नमनाक[15]
दिल क्या हैं ज़ख़्मों के चाक[16]
नफ़रत के सब अंगारे
सिपारे[17]
घर वाली, मन दीवानी
आग लगे, कहे दीवाली
फ़न–प्यासी[18] घर की दासी
हस्ब–ए–इजाज़त[19] कामना
पानी को भी छानना
कमर, कनस्तर, जलता गोश्त
फूल खिले और निकले पोस्त
दिन दोज़ख़ और शब[20] शैतान
आदम–ख़ोर रहें इनसान

फ़र्द इकाई, इकलापा
लहर, दरिया, समन्दर, लहर
पानी, मैं और मैं
पोर–पोर में दीपक–राग
बाहर बैठा काला नाग
अन्दर मौत का आवाज़ा
दिल का ग़ाज़ा
कत्थई, जामुनी, गेरुए
रिश्ते, भँवरे और मनके
मक्खन और लोबान की बत्ती
हिरनी आँखें कस्तूरी
ज़ाफ़रान[21] के सूखे फूल
गर्दन झटको, कहो कुबूल
महल, उदासी, बैरागी

मल आँखें, तू ही जागी
सुन सन्नाटा रगों का
जागा है धन घरों का
दरिया की तह में बस्ती
संग भी दरिया के बस्ती
नेज़ा[22] जीवन का लगे
सागर–सागर ये कहे
सूई, नाका और धागा
ये है जीवन पोबारा

फ़र्द, इकाई, इकलापा
लहर, दरिया, समन्दर, लहर,
पानी, मैं और मैं
आँखों में सपनों के भाग
बाहर बैठा काला नाग
अन्दर मौत का आवाज़ा
दिल शीराज़ा[23]
मिट्टी ने पहनी सुर्ख़ी
सोई ख़िल्क़त[24] है जागी
काँच कलाई कजरवा
मोती, नैन, बजरवा
ग़ोता ऊँची लहर में
ज्ञान–ध्यान के सब स्थान
बन जाये हैं सब अनजान
घास, ज़मीन, ज़मीन भी घास
उँगली–उँगली सौ–सौ फाँस
पवन–झकोरा ख़्वाब का
बाब[25] खुला संजाब[26] का

फ़र्द, इकाई, इकलापा
लहर, दरिया, समन्दर, लहर
पानी, मैं और मैं
लाल सिन्दूरी चमके माँग
बाहर बैठा काला नाग
अन्दर मौत का आवाज़ा
शब अन्दाज़ा
उम्र की कुण्डी
खोले खिड़की
बर्फ़, हवा, बारिश, तूफ़ान
जागें डर–डर के इन्सान
रिश्ता, रोटी,
जज़्बे, चर्ख़ी
कातो पूनी
पूनी कातो
कपड़ा, चादर, बहलावा
छुप के मिलने का रस्ता
रिज़्क़, दुआ, दीवारे–शजर[27]
हँसुली, फन्दा, डर, घर–घर
भट्ठी, भुर्ता, भावना
शीशे में यूँ उतारना
शेर भी घास को खा जाये
आग पे चल के ख़ुद आये
दूध सफ़ेदी से आरी
ख़ौफ़ से चेहरे पिचकारी

फ़र्द, इकाई, इकलापा
लहर, दरिया, समन्दर, लहर
पानी, मैं और मैं

सेज बने फूलों की आग
बाहर बैठा काला नाग
अन्दर मौत का आवाज़ा
घर, शब, ग़ाज़ा[28]
साहब, बीबी और गुलाम
सबके दाम
बीबी, गुलाम
बस एक से काम
शेल्फ़, सजावट, दोपहर
शाम को आतिशदान[29] में आग
चेहरे लाल, बहुत ही लाल
घूँघट–पट खुले और दर बन्द
नाचे ख़ून का अंगारा
गाता जाये बंजारा
मज़हब, दुनिया और अल्लाह
जीवन की ये दुर्घटना
बात में शब का ज़ाएक़ा
हुनर में ज़हर का क़ासिदा[30]
तोते में जीवन–रूपा
जंगल में ढूँढ़े देवता
हक़ अल्लाह तोते की रट
कुएँ पे चलता रहे रहट
इंजन धुआँ निकाले जाये
बादल हवा उड़ाये जाये
बन्द, बँधे किस किनारे
पार अब कौन उतारे

फ़र्द, इकाई, इकलापा
लहर, दरिया, समन्दर, लहर

पानी, मैं और मैं
ख़्वाब गये आँखों में जाग
बाहर बैठा काला नाग
अन्दर मौत का आवाज़ा
लब हैं ताज़ा
शब्बू[31] शाख़, शजर, समन
मेहंदी, हाथ और फूल–लगन
दिल का हाल कबूतर–सा
कोंदा[32] मारे जी डर का
नर्गिस[33]–सी उसकी मर्ज़ी
दुनिया फैले, वो सिमटी
लश्कर[34], लश्कर वो जने
प्यासी दरिया–सी रहे
ख़ेमा–ए–जाँ[35] धज्जी–धज्जी
शीशा–ए–दिल किरची–किरची
नख़्ल–ए–तमन्ना[36], बर्ग–ए–ख़िज़ाँ[37]
वस्ल का लम्हा, वहम–ओ–गुमाँ
क़न्द तो क्या गुलक़न्द भी ज़हर
एक हैं अब तो जंगल–शहर
देख के ज़र्द हो ज़ाफ़रान[38]
आँखों को भूली पहचान
ओस से प्यास बुझेगी कब
जागेगी शब–मुज़ई[39] कब

फ़र्द इकाई, इकलापा
लहर, दरिया, समन्दर, लहर
पानी, मैं और मैं
चाहे दीजो सुख भी त्याग
बाहर बैठा काला नाग

अन्दर मौत का आवाज़ा
ग़म–ख़मियाज़ा[40]
काली पक्की जामुनें
लगे हैं लड़कियाँ रात में
बाँस के जंगल जवानियाँ
कच्चा कटोरा कहानियाँ
मीठे आड़ू के गुंचे
दिल मे कोंदा–सा लपके
आलूचे के फूल भी प्याज़ी
सुन्दर लागे आतिशबाज़ी
काली बेल के काले फूल
आँखें, हाथ, तमन्ना, धूल
औरत जब जल जाये है
कड़वा कठल बन जाये है
सूरज से लिक्खे बिपता
पानी से ढूँढ़े रिश्ता
दुख से बुना ख़यालों को
ख़ुद ही ताने जालों को
नाली में ख़ूँ का छींटा
पंखे से लटका फन्दा
पानी पे ठहरी काई
ख़ामोशी है सच्चाई
ख़्वाहिश करते कमर झुकी
ज़ीना–ज़ीना जाँ निकली
पैर दबाते शब गुज़रे
घूँसे खाते दिन बीते
फ़र्द इकाई, इकलापा
लहर, दरिया, समन्दर, लहर
पानी, मैं और मैं

गाये दिल अब ये बैराग
बाहर बैठा काला नाग
अन्दर मौत का आवाज़ा
दिल ग़म साज़ा
कलमुँही और नसीबों–जली
सुनते–सुनते घर में पली
डर–डर देखा बदन को
गन्दा समझ लगन को
बिन वर देखे ब्याही गयी
मैं सोचूँ मैं चाही गयी
चमड़ी, चीख़ बने चाहत
लोग कहे हैं दुसराहट[41]
घर काया दीवारों से
बात करूँ अंगारों से
पत्थर पेट–जने[42] निकले
साथी भी साये निकले
लिए सफ़ेदी बालों की
सहरा शर्त, ग़ज़ालों[43] की

---

*ए लोगों! हम बुरी हैं।

1. व्यक्ति, 2. अकेलापन, 3. रक्षा, 4. शोर, 5. भूख, 6. अभियोग–पत्र, अपराधों की सूची, 7. शरीर रूपी जंगल, 8. पर्यटक, यात्री, 9. प्रातः की लालिमा के स्वप्न, 10. ज़ख़्म सीने वाली, चिकित्सक, 11. हमारा साईं (मालिक) जीता रहे, 12. गर्भवती, 13. नतीजा, परिणाम, 14. प्रफुल्लित, आनन्दमय, 15. उदास, दुखी, 16. फटे हुए टुकड़े, 17. तीस खण्डों में विभाजित, कुरान के तीस खण्डों में से कोई एक, 18. कला–पिपासु, 19. आज्ञानुसार, 20. रात्रि, 21. केसर, 22. भाला, 23. संघटन, 24. जनता, 25. द्वार, 26. अत्यधिक मुलायम बिस्तर इत्यादि, 27. वृक्ष रूपी दीवार, 28. चेहरे पर लगाने वाला पाउडर, 29. भट्ठी, अँगीठी, 30. इरादा, 31. रात में खिलने वाला फूल, 32. बिजली की चमक, 33. एक फूल जो नेत्र के जैसा होता है, 34. फ़ौज, सेना, 35. प्राण रूपी तम्बू, 36. कामना रूपी वृक्ष, 37. पतझड़ की सूखी–पीली पत्तियाँ, 38. केसर, 39. थकी हुई रात, 40. दुख रूपी परिणाम, 41. आडम्बर, बनावट, 42. सहोदर, सगे भाई–बहन, 43. मृग–शावकों।

ख़ुद-कलामी

मुझे सज़ा दो
कि मैंने अपने लहू से ताबीर–ए–ख़्वाब[1] लिखी
जुनूँ–बुरीदा[2] किताब लिखी
मुझे सज़ा दो
कि मैंने तक़दीस–ए–ख़्वाब–ए–फ़र्दा[3] में जाँ गुज़ारी
ब लुत्फ़–ए–शब–ज़ादगाँ[4] गुज़ारी
मुझे सज़ा दो
कि मैंने क़ातिल को वस्फ़–ए–तेग़–ओ–अलम[5] सिखाया
सरों को औज–ए–क़लम[6] सिखाया
मुझे सज़ा दो
कि मैं उदू[7] की सलीब की मुहतसब[8] रही हूँ
हवा की ज़द पे[9] जले चराग़ों की रौशनी हूँ
मुझे सज़ा दो
कि मैंने दोशीज़गी[10] को सौदा–ए–शब–गुमाँ[11] से रिहाई दी थी
घरों के बुझते दियों को शान–ए–ख़ुदाई[12] दी थी
मुझे सज़ा दो
कि मैं जियूँ तो तुम्हारी दस्तार[13] गिर न जाये
मुझे सज़ा दो
कि मेरे बेटों के हाथ उट्ठे तो तुम न होगे
कि एक भी तेग़–ए–हर्फ़[14] क़ौस–ए–मयाँ[15] से निकले तो तुम
न होगे

मुझे सज़ा दो
कि मैं तो हर साँस में नयी ज़िन्दगी की ख़ूगर[16]
हयात–ओ–बाद–ए–हयात[17] भी ज़िन्दा–तर[18] रहूँगी
मुझे सज़ा दो
कि फिर तुम्हारी सज़ा की मीआद[19] ख़त्म होगी

---

1. स्वप्न–पूर्णता, 2. उन्मादरहित, 3. भविष्य के स्वप्नों की पवित्रता, 4. रात्रि के पैदा किये हुओं (स्वप्नों) के साथ आनन्दपूर्वक, 5. ध्वज व तलवार के प्रयोग के गुण, 6. कट–मरने का महान् गुण, 7. शत्रु, 8. हिसाब–किताब करने वाली, 9. निशाने पे, 10. कौमार्य, 11. दिग्भ्रमित कर देने वाले उन्माद, 12. ईश्वरीय उच्चता, 13. पगड़ी, 14. शब्दरूपी तलवार, 15. म्यानरूपी इन्द्रधनुष, 16. आदी, 17. लोक–परलोक में, जीवन और जीवन के बाद, 18. अत्यधिक जीवन्त, 19. समय–सीमा।

तीसरे दर्जे वालों की पहली ज़रूरत

बोलना हमारी ज़रूरत है
चाहे ज़मीं में मुँह देकर ही क्यों न बोलना पड़े
मेरी बेगुनाही ज़मीन में मुँह देकर
अपनी सफ़ाई पेश कर रही है
कि ज़िन्दगी के सारे रास्तों पर
क़ाज़ी–ए–शहर[1] के फ़ैसले के मुताबिक़
ख़ौफ़ बिछाया जा चुका है
बोलने वाले हमारे शहर में कितने रह गये हैं
उनके सर काट कर वाक़ई सजा लेने चाहिए
कि फिर देखने को भी ऐसे लोग नहीं मिलेंगे
ख़ुदा की क़सम
मेरी आँखों की जगह आबले[2] भी ले लें
तो भी मैं गिरिया[3] करूँगी
कि मेरे खेतों में चीख़ें उग रही हैं
मेरे आँगनों में ठहरी ख़ामोशी
मेरे बच्चों की हँसी लुट रही है
मेरा चपरासी वर्दी पहनने से इनकार करता है
कि वर्दियाँ तीसरे दर्जे के शहरी की अलामत[4] बन चुकी हैं
बात तो अलामत से भी आगे निकल चुकी है
छिपकली की कटी दुम की अलामत हो कि

बू–ए–ख़ूँ[5] की अलामत
अब सब ख़ौफ़ के दूसरे नाम हैं
हम लोगों को अपने ही वतन में जिला–वतन[6] कर दिया गया है
कि हम बेरूह जानदार, क़स्द–ए–गोयाई[7] से भी मुनहरिफ़[8] हैं

---

1. शहर के सर्वोच्च न्यायाधीश, 2. छाले, 3. रुदन, विलाप 4. निशानी प्रतीक, 5. लहू की महक, 6. देशनिकाला, बेवतन, 7. बात कहने का इरादा, 8. अवज्ञाकारी।

नाइटमेअर

बकरी, ज़िब्ह होने का इन्तिज़ार करती है
और मैं सुबह होने का
कि मैं रोज़ दफ़्तर की मेज़ पर ज़िब्ह होती हूँ
झूठ बोलने के लिए
यही मेरी क़ीमत है
ताज़ा क़ब्रों की तरह, पाउडर से लिपे हुए चेहरे
मुझे मिलने आते हैं
ज़हनों के क़ब्रिस्तान में ऐसी सजावटें ही
ज़ेब[1] देती हैं
मैं और मेरा वतन एक साथ पैदा हुए थे
मगर दोनों की बसारत[2] बचपन ही में मारी गयी
मैंने रोटी देखी नहीं
अपने तसव्वुर[3] में उसकी शक्ल बनाती और खाती हूँ
मेरे बहुत–से हमउम्र, रोटी सिर्फ़ ख़्वाब में देखते हैं
मेरे मुल्क में औरतें पहली का चाँद देखकर दुआएँ माँगती हैं
और बाक़ी सारी दुआएँ अगली पहली के लिए उठा रखती हैं
दूसरी शादी के इजाज़त–नामे[4] पे अँगूठा लगाने के बाद भी
वो पहली का चाँद देखकर दुआएँ माँगती रहती हैं
शायद हम जैसे झूठ बोलने वालो की आक़िबत[5] सँवारने
के लिए
हम अपनी जंगजूयाना[6] बहादुरी के गुण गाते हैं

और मक्खियाँ हम पर यलग़ार[7] करती रहती हैं
हम अपने क़द से लम्बी तलवार को अस्लाफ़[8] मानते हैं
और उनका रंग अपनी ज़बान पर सजा लेते हैं
ज़ंग–ख़ुर्दा[9] ज़बानों[10] और ज़मानों में
ज़िन्दगी करने वालों का नाम दफ़्तरी–बाबू होता है
जाने वाले का हर हिसाब ग़लत
और आने वाले का हर हिसाब दुरुस्त
ज़ंग–ख़ुर्दा ज़बानें ही कह सकती हैं
अब तो तलवार बनाने वाला आहन–गर[11] ये समझता है
कि फ़तह[12] वो तहरीर[13] करता है

---

1. शोभा, 2. अन्तर्दृष्टि, 3. ख़यालों, 4. सहमति–पत्र, 5. परलोक, 6. यौद्धिक, 7. आक्रमण, 8. पूर्वज, 9. ज़ंग खायी हुई, 10. भाषाओं, 11. लोहार, 12. विजय, 13. लिखता।

परसोना-1

आसमान के बूढ़े सितारे
और पहाड़ की चोटियों पे खड़े
दरख़्तों के बेअमाँ[1] तने
सदियों का सब्र अपने सीने में दबाये
मुँह–बन्द तन्नूर की तरह
बेज़ुबान से नज़र आते हैं
जिस लकड़ी से कश्ती बनती है
उसको पानी पसन्द नहीं
मगर साथ रहने के लिए
पसन्द का मस्अला सानवी[2] हो जाता है
मिरे बग़ैर, मर्दों की तरह ज़िन्दगी गुज़ारने का अमल
तुम्हारे जूतों के पंजों की उड़ी खाल पे
पड़ी गर्द से ज़ाहिर होता है
अँगियों के सहारे ढलकी छातियों को
रूप नहीं मिलता है
कुन्द छुरी और बैटी मिट्टी जैसे
नमी–ख़ुर्दा बदन पे
बुज़दिली की नीली रगें उभर आयी हैं
दो तिरछी लाइनों का इत्तिसाली नुक़्ता[3]
मुब्हम[4] रिश्तों को मुन्तक़ी[5] साबित करने का
मज्हूल[6] अमल

वो प्रोटेक्टर बना
इत्तिसाली नुक़्ते के गिर्द हिसार[7] खेंचता रहा
और मिरे वजूद से इनकार की लाइन गहरी होती चली गयी
ग़ार[8] और क़ब्र में क्या फ़र्क़ होता है
एक कुदरती और एक इरादी
इरादी मंसूबे अपना माज़ी[9] रखते हैं
और मुस्तक़बिल[10] भी
तनहाई सीलन की तरह
मिरे वज़ूद के अन्दर सरायत[11] करती चली जा रही है
मैं क्या धुन्ध में पैदा हुई थी
कि मेरे अन्दर हर अक्स,[12] हर रिश्ता
और हर जज़्बा[13] धुँधला है
जेल के क़ैदी ने कभी रात का आसमान नहीं देखा
और सूरज ने कभी रात नहीं देखी
मैंने दिन नहीं देखा
मैं न क़ैदी हूँ और न सूरज
मैं तो बचपन में
बड़े बहन–भाइयों के पुराने कपड़े
पहना करती थी
और तजुर्बे की झुर्रियों के इस ज़माने में
यादगार लम्हों के सँभाले हुए कपड़ों को
तहों से उड़ी रंगतों के बावजूद
खोल–खोल कर पहन रही हूँ
मेरी आँतों की रस्सियाँ बनाकर
और झूला झूलो
कि मैंने अपनी ज़ुबान का तन्नूर
बन्द कर दिया है

---

1. निर्भीक, 2. दूसरा, 3. मिलन–बिन्दु, 4. गूढ़, 5. सहज, 6. व्यर्थ, 7. घेरा, 8. गुफा, 9. अतीत, 10. भविष्य, 11, प्रवेश 12. प्रतिबिम्ब, 13. भाव।

परसोना-2

रिश्तों की आबजू[1] में कोई गहराई नहीं होती है
मगर फिर भी सरनिगूँ[2] जैसे राब्तों[3] से
आगे की मंज़िल की तलाश में
हम एक–दूसरे के लिए बेचैन रहते हैं
मुझे मालूम है
बापों के जंगल में एक दरख़्त का नाम
मिरा बाप था
और खिड़की में खड़े होकर
गुज़रती हवाओं को देखो, तो सोचो
इन्हीं में से किसी का नाम मेरी माँ था
कि बग़ैर पता लिखे ख़त बिल्कुल एक जैसे लगते हैं
मैं अपने सबसे सुहाने ख़्वाबों में भी
ऐसे पत्थर पे खड़ी नज़र आती हूँ
कि जिसके नीचे मेरा दिल है
मेरे ज़ख़्मों में से झाँककर
ख़ुदा दुनिया को देखता है
उस दुनिया को कि जहाँ लोग
खड़े होते हैं तो खाने के लिए
और बैठते हैं तो मरने के लिए
तल्ख़[4] लहजे में कहे हुए शीरीं लफ़्ज़[5]
और भी तल्ख़ हो जाते हैं

मेरा जी करता है
मैं वक़्त बन जाऊँ
और तुम कायनात[6]
यूँ तो तुम मेरे साथ चलोगे
वक़्त से पीछे रह जाने वालों को
बहारें नहीं मिलती हैं
सूखी घास कि जिसे कोई भी
चिंगारी भस्म कर सकती है
तुम्हारा आँगन क्यों बनें
आओ बारिश का पहनावा पहनें
शायद यूँ ही निखर जायें
मगर कैसे कि हम तो ख़्वाब में भी
ख़्वाब देखने वालों जैसे नहीं होते हैं
मुझ जैसे वक़्त में
और तुम जैसी कायनात में तो
ख़ामोशी भी बोलती है
हम कहाँ जायें कि सन्नाटे की गूँज
हमारे कढ़े हुए कुर्तों के नीचे
छुपे ज़ख़्मों को आशकार[7] कर रही है
वो सारे रंग कि जिन्हें मैं
ख़्वाबों और खुली आँखों देखती हूँ
मेरी मदद नहीं कर सकते
मेरी आँखें बूढ़े वहशी दरिन्दे की
आँखों की तरह खुली भी हैं
तो क्या फ़र्क़ पड़ता है
किसी शख़्स की हज़यानी[8] हँसी को
एक संजीदा कुत्ता, इसी तरह हैरान होकर देखता है

---

1. नदी, 2. नतमस्तक, 3. सम्बन्धों, 4. कड़वा, 5. मीठे शब्द, 6. सृष्टि, 7. प्रकट, 8. ऊटपटाँग, बेतुकी।

पोर्ट्रेट 1980

मौसम बदलने की रुत मेरे अन्दर नहीं आती है
मैं तो समन्दर की मौजों के
पुरसुकून[1] हो जाने के वक़्त
साहिल की सिम्त[2] जाती हूँ
शायद इसलिए आग मेरी ज़ुबान की साथी है
और मैं दोस्तों की रुख़सती[3] का नौहा[4]
वैसे तो, हर नया अन्दोह[5] गुज़श्ता[6] की तजदीद[7] ही करता है
मगर फिर भी नया लगता है
बिल्कुल ऐसे, जैसे इक नया दोस्त!

इतने महीन लम्हे कि जिनके आर–पार
एक–सा दिखायी दे
तअल्लुक़[8] की उम्रें सँभाले होते हैं
गुलाब का रंग मेरे चेहरे पे नहीं ठहरता
और मेरी ज़ुबान की सुर्ख़ी
लाल पेंसिल से बनी लगती है
कि मौसम बदलने की 'रुत' मेरे अन्दर नहीं आती है

---

1. शान्त, 2. तरफ़, ओर, 3. विदाई, 4. विलाप–गीत, 5. दुख, 6. व्यतीत, 7. नवीनीकरण, 8. सम्बन्ध।

साँप-केंचुली

हमारे मुल्क में परिन्दों को प्यार करते दिखाने की इजाज़त है
हमारे मुल्क में इन्सानों को प्यार करने और
प्यार करते दिखाने की इजाज़त नहीं
वो शायद इसीलिए शादी करते हैं
नाख़ूनों की पोरों तक लहकते ख़ून
और आँखों की लवों तक फैले जज़्बों को
शादी का नाम देते हुए
मेरी उँगली में फाँस बहुत चुभ रही है
मुझे आसमान का रंग आँखों में देखने की तमन्ना है
मुझे गुलाब का रंग होंठ बनते देखने की आरज़ू है
मुझे मौज–मौज बदन की बेचैनियों से
मग़लूब[1] होने की वहशत दीवाना किये हुए है
मगर हमारे मुल्क में इन्सानों को
प्यार करने और प्यार करते दिखाने की इजाज़त नहीं
इसीलिए तो आस्तीन से नाक साफ़ करते बच्चे भी
नाली पे बैठी लड़की को देखकर बावलों की तरह हँसते हैं
ख़्वाब देखते हुए लड़कियाँ डर जाती हैं
और चीख़ मारकर उठ बैठती हैं

और लड़के शैतान को कंकर मार–मार कर बेहाल हो जाते हैं
हमारे मुल्क में बेशर्मी की मुमानअत[2] है
इसलिए हमारे मुल्क में इन्सानों को
प्यार करते दिखाने की इजाज़त नही

1. पराजित, 2. मनाही।

साहिल से आगे सहरा

मेरे बेज़ुबान ग़मों की चीख़ें
मेरे आँगन की धूप हैं
मेरी समाअत[1] के दरवाज़े चौपट खुले हैं
मगर न कोई अन्दर आता है
न इनको बन्द करता है
और न इन पर दस्तक देता है
मेरी आँखों की चौखट पर
उकताये हुए लम्हों की सूनी बारात
पलकों से याक़ूत[2] चुनती हुई
रग–रग में उदासी उतारती हुई
सूरज के निकलने की सरख़ुशी[3] से इनकार करती है
रात की आसूदगी[4] को ख़ैमा–ए–ग़म[5] समझती है
और ये मानने से इनकार करती है
कि मौत के जंगल में
कोई चिड़िया नहीं बोलती है
कोई सुबह
पलकों को जुदाई के रास्ते पे लाकर
खड़ी नहीं करती है
यहाँ फ़ासिले दोस्त
और जुदाइयाँ रफ़ीक़[6] होती हैं
न रौशनी रास्ता दिखाती है

न अँधेरा रास्ता रोकता है
दरख़्तों से बातें करती हवाएँ
वहाँ क्या करने जाती हैं
मेरे कानों में तो उसकी आवाज़
सीपी में बन्द मोती की तरह महफ़ूज़[7] है
मेरे बदन की करवटों में उसकी मुहब्बत
दलदल में खिले कँवल की तरह मुस्कराती है
छोटे तालाबों का पानी
ख़ुद उनकी ज़मीनें पी जाती हैं
नंगे दरख़्तों और चुटियल चट्टानों पे
बादल के साये से कोई फ़र्क़ नहीं पड़ता है
अकेले में रोने से भी कोई फ़र्क़ नहीं पड़ता
राइटिंग टेबल की दराज़ मैंने खोली
एलबम में लगी तस्वीरों में पूरा ख़ानदान था
सब ख़ुश थे, हँस रहे थे
आज मेरी आवाज़ ख़ाली कमरे में गूँज रही थी

---

1. सुनने की शक्ति, 2. मोती, 3. मस्ती, हल्की–हल्की ख़ुमारी, 4. ख़ुशहाली, 5. दुखों का डेरा, 6. प्रिय, 7. सुरक्षित।

उदासियों के चटखने की आवाज़

मौत एक दरवाज़ा है
जो ज़िन्दगी से जिला–वतनी[1] की सरज़मीन[2] पे खुलता है
मौत एक रौशनी है
जो हमारी आँखों से कशीद[3] करके मिट्टी में
बो दी जाती है
मौत एक चराग़ है
जो बारिशों में जलता है और
आँधियों को अपना रिज़्क़[4] बनाता है,
मौत एक आहट है
जो देखी जा सकती है
सुनी जा सकती है
मौत एक उनवान है
जो किताब के हर वर्क़ पर
हर नये नाम के साथ
हुवैदा[5] होता है
मौत ख़ामुशी का वो लिबास है
जिसमें कोई तार नहीं
कोई गिरह[6] नहीं
मौत आजिज़ी[7] का वो नौहा[8] है
कि जिसमें लफ़्ज़ भी नक़ाब पहन लेना चाहते हैं
मौत रुख़सती[9] का वो मंज़र[10] है

कि जहाँ आसमान भी अपनी लामकानी[11] को
ख़ाक कर देता है
मौत आगही[12] का वो लम्हा है
कि फ़रामोश–गाहों[13] में पड़े दुख भी
मुसर्रतों[14] के आशियाने[15] मालूम देते हैं
भूलने के लिए एक लम्हा भी गिराँ[16] होता है
याद रखने के लिए एक उम्र नाकाफ़ी होती है

---

1. देशनिकाला, 2. धरती, पृथ्वी, 3. खेंच, 4. भोजन, 5. प्रकट, 6. जोड़, गाँठ, 7, बेबसी, 8. मृत्युपरान्त का रुदन–विलाप, 9. विदाई, 10. दृश्य, 11. असीमता, 12. बोध, 13. भूली–बिसरी जगहों, 14. खुशियों, 15. बसेरे, 16. भारी।

बारिश होने में अभी देर है

मुहब्बत, बिना दस्तक दिये
मेहमान की तरह आयी
और अपने तआर्रुफ़[1] के लिए
मेरे साथ बैठ गयी
सूरज उसके पीछे–पीछे आ रहा था
मैं कि जिसने
अन्दर की गुड़िया के बाज़ू, टाँगें और सर
ख़ुद ही अलग–अलग करके फेंके थे
गुड़िया के मुँह पे बटनों से बनी
चमकती आँखों में अब ज़िन्दगी देखकर
अँधेरी रात में सितारों की छाँव के गुदाज़[2] को
याद करने लगी
मुझे अपने अन्दर की गुड़िया का चेहरा
उस तराशे हुए बुत के चेहरे की तरह लगा
जो अपने ही ख़द–ओ–ख़ाल[3] की तराश से
उड़ी ख़ाक में अटा हुआ हो
पीछे–पीछे आता हुआ सूरज अब सर पर आ गया था
जहाँ पुल न हो
कश्ती–कश्ती जोड़कर पुल बनाया जाता है
दरिया पार किया जाता है
दरिया और कश्ती का रिश्ता कितना मज़बूत है

मेहमान की तरह आने वाली मुहब्बत ने
मुझे समझाया!
और मुझे साथ लेकर उन ज़मीनों की सिम्त[4] आ गयी
जहाँ हवा रंग मे तहलील[5] तो हो जाती है
मगर बारिश नहीं बनती है
शायद कुछ और मुहब्बतें
हवा को और गर्म और शराबोर[6] कर सकें

---

1. परिचय, 2. संवेदन, 3. अंग–प्रत्यंग, 4. तरफ़, ओर, 5. विलीन, 6. सराबोर।

मोम-महल

मेरे ब्याह से पहले माँ
ख़्वाब में डर जाया करती थी
उसकी ख़ौफ़नाक चीख़ों से
मेरी आँख खुल जाती थी
मैं उसे जगाती, माजरा पूछती
और वो ख़ाली आँखों घूरती रहती
उसे ख़्वाब याद नहीं रहते थे
एक रात ख़्वाब में डरकर
उसने चीख़ नहीं मारी
ख़ौफ़–ज़दा[1] होकर मुझे अपने साथ चिमटा लिया था
मैंने माजरा पूछा
तो उसने आँखें खोलकर शुक्राना[2] अदा करते हुए कहा
''मैंने ख़्वाब देखा था
तुम डूब रही हो और मैंने तुम्हें बचाने को
दरिया में छलाँग लगा ली है''
और उस रात बिजली गिरने से
हमारी भैंस और मेरा मंगेतर जल गये थे
एक रात माँ सो रही थी और मैं जाग रही थी
माँ बार–बार मुट्ठी बन्द करती और खोलती
और यूँ लगता कि जैसे कुछ पकड़ने की कोशिश में थककर
मगर फिर हिम्मत बाँधने को मुट्ठी बन्द करती है

मैंने माँ को जगाया
मगर माँ ने मुझे ख़्वाब बताने से इनकार कर दिया
उस दिन से मेरी नींद उड़ गयी
मैं दूसरे सहन[3] में आ गयी
अब मैं और मेरी माँ दोनों ख़्वाब में चीख़ें मारते हैं
और जब कोई पूछे
तो कह देते हैं
हमें ख़्वाब याद नहीं रहते

---

1. भयभीत, 2. धन्यवाद, 3. आँगन।

सर्द मुल्क के आक़ाओं के नाम

मेरा मुल्क गर्म है
मेरे हाथों की तपिश का सबब[1] शायद यही है
मेरा मुल्क गर्म है
मेरे पैरों के जलने का सबब शायद यही है
मेरा मुल्क गर्म है
मेरे बदन पे आबलों[2] का सबब शायद यही है
मेरा मुल्क गर्म है
मेरे घर की छत पिघल कर गिर जाने का सबब शायद यही है
मेरी दीवारों के झुलसा देने के रवैये का सबब भी शायद यही है
मेरा मुल्क गर्म है
मेरे बच्चों के प्यासे रखे जाने का सबब शायद यही है
मेरा मुल्क गर्म है
मेरे बेलिबास रखे जाने का सबब शायद यही है
मेरा मुल्क गर्म है
शायद इसीलिए न बरसते बादलों के आने का पता चलता है
और न सैलाबों के गुज़र जाने का
कि मेरी फ़स्लों के उजाड़ने को
कभी महाजन, कभी जंगली जानवर, कभी आफ़तें
और कभी ख़ुद–साख़्ता[3] आक़ा आन धमकते हैं
मुझे अपने गर्म मुल्क से नफ़रत करना मत सिखाओ
मुझे इन आँगनों में अपने गीले कपड़े सुखाने दो

मुझे इसके खलियानों में सोना उगाने दो
मुझे इसके दरियाओं से प्यास बुझाने दो
मुझे इसके दरख़्तों की छाँव में साँस लेने दो
मुझे इसकी धूल को पहनने और मुसाफ़तों[4] को ओढ़ने दो
मुझे लम्बे होते सायों की छाँव नहीं चाहिए
मुझे तो निकलते सूरज की शुआओं[5] की हिमायत[6] हासिल है
सूरज अपनी तवानाई[7] मेरे मुल्क में अरज़ाँ[8] करता है
सूरज और मैं
सूरज और तुम
साथ–साथ नहीं चल सकते
सूरज तो मेरा हमसफ़र है

---

1. कारण, 2. छालों, 3. अपने आप बने हुए, 4. यात्राओं, 5. किरणों, 6. सहमति, समर्थन, 7. सामर्थ्य, 8. सुलभ, सस्ती।

हिलते होंठों का रज़्मिया

कँवल–ख़यालों ने आँख खोली
तो कच्ची पगडण्डियों से ख़्वाबीदा[1] रास्तों पर
दराज़–क़ामत[2] जवाँ दरख़्तों के साँस बनकर हवा खड़ी
थी
वो दहशतों को मुहब्बतों में बदलती रुत थी
सभी का जी चाहता था आँखें पलक न झपकें
सभी का जी चाहता था रक़्स–ए–सहाब[3] देखें
सभी का जी चाहता था लुत्फ़–ए–ख़िताब[4] पहनें
वो मंज़र–ए–जाँ[5]
कि जिसमें दहशत मुहब्बतों में बदल रही थी
वो जश्न–ए–ख़्वाहिश[6] का मुद्द'आ था
वो सादा क़िर्तास[7] पे मआनी[8] का सिलसिला था
मुझे भी सादा वर्क़ के साहिल पे
लफ़्ज़–कश्ती में बैठ के
वो मुराद–रेज़े[9] समेटने हैं
कि जिसमें सहरा
वफ़ा की तारीख़[10] का मुक़द्दर नहीं बनेंगे
कि जिसकी तारीख़ में अमल की चराग़–आँखों को
रेत–आलूदा[11] कर न पाये
ये लफ़्ज़–कश्ती
वो हर्फ़–ए–इमला लिखे

कि ख़ामोशियाँ तकल्लुम–निज़ाद[12] निकलें
ये लफ़्ज़–कश्ती
वो मुज़्तरब[13] बादबान खोले
कि ख़्वाब–लहरों पे घर बसाने की ख़्वाहिशें
वो जज़ीरा[14] देखें
कि जिसमें दहशत मुहब्बतों में बदल रही हो

---

1. सुप्त, सोये हुए, 2. लम्बे शरीर, 3. बादलों का नृत्य, 4. वार्तालाप का आनन्द, 5. प्राणों का दृश्य, 6. इच्छाओं की पूर्ति का उत्सव, 7. काग़ज़, पेज़, 8. अर्थ, 9. इच्छाओं–कामनाओं के टुकड़े, 10. इतिहास, 11. धूल–धूसरित, 12. मुखर, बातचीत–सम्पन्न, 13. व्याकुल, बेचैन, 14. टापू।

दफ़ा 144

हम अन्धेपन की तलाश में हैं
जहाँ तमीज़[1] की हदें ग़ायब हो जाती हैं
और हम सिर्फ़ लम्स बनकर रह जाते हैं

लम्स[2]–जो माज़रत[3] और इल्तिजा[4] का आईना है
यहाँ ग़ुरबत और अमीरी रहेगी
इसलिए कि हम ज़हनों को छूकर इन्हें बेक़ीमत कर देते हैं

दरख़्त पत्ते पहनते हैं
मगर ख़िज़ाँ–विसाल[5] की शह्वतों[6] को इन्हें दोज़[7] कर देती है

हम बहरेपन की तलाश में हैं
कि जहाँ लफ़्ज़–ओ–मा'नी[8], सिर्फ़ हिलते लबों की जुंबिश[9]
में क़ैद होते हैं

जुंबिश–कठपुतलियों के तार ज़रा भी ग़लत हिल जायें
तो सारा खेल चौपट हो जाता है
ये खेल तो रहेगा
अन्दर के ख़ौफ़ को राशा[10] मत बनने दो

---

1. अन्तर, फ़र्क़, 2. स्पर्श, 3. क्षमा, 4. याचना, 5. मिलन, 6. उत्तेजना, 7. छुपा देना, 8. अर्थ, 9. कम्पन, 10. काँपने की बीमारी।

किश्वर नाहीद

उम्र के अड़तीस बरस
तुम्हारे बालों और गालों में
उतरती ख़िज़ाँओं
और ढलते जज़्बों की आँधियों में
कच्चे टूटते फलों की तरह
सारे रिश्ते
ज़िन्दगी के चन्दन रूपों की तरह
गदरा गये हैं–

किश्वर नाहीद!
तुम मुँह बन्द सीपी की तरह
ज़िन्दगी के समन्दर में
हवाओं से बातें करते
पहाड़ों की बुनियाद हिलाते
और लहरों को अपने बालों की तरह काटकर
साहिल पे
गुज़िश्ता[1] की रिवायती[2]
और आज की मुज़्तरिब[3]
औरत बनकर सोच रही हो–

किश्वर नाहीद!
यहाँ न कोई बोलता है
न कोई बोलती आँखों के
लफ़्ज़ों को समझना चाहता है
हाथ से फिसलती मछली
ख़ौफ़ को नफ़रत में बदल देती है।
किश्वर नाहीद!
तुम्हें ख़ामोश देखने की चाहत
क़बरों से भी उमड़ी आ रही है
मगर तुम बोलो!
कि यहाँ सुनना मना है
मुझे जिन जज़्बों ने ख़ौफ़ज़दा किया था
अब मैं उनके इज़हार से
दूसरों को ख़ौफ़ से लरज़ता[4] देख रही हूँ

---

1. बीते हुए, 2. परम्परा, 3. बेचैन, 4. काँपना।

सुनो जेन आस्टन!

जेन आस्टन!
तुमने कहा था
तुम जितना भी चाहे
दीवानगी इख़्तियार[1] करो
मगर देखो
बेहोश होकर गिर मत पड़ना!
जेन आस्टन!
तुमने यह इख़्तियार और जब्र[2] का तराज़ू
मेरे हाथ में क्यूँ पकड़ाया

जेन आस्टन!
तुम्हें मालूम था
तोलने वाले के हाथ काँप जाते हैं
तुम्हें मालूम था
तराज़ू के दोनों पलड़े
बराबर नज़र भी आयें
तो अस्ल में बराबर नहीं होते हैं

मैं दोनों पलड़ों को बराबर
ज़ाहिर कर–कर के, हाँफ गयी हूँ
बेहोशी के होश के लम्हे में

यह चन्द बातें तुमसे
जेन आस्टन!
कि ज़ाहिर में मौजूद लोग
तो सब मर चुके हैं
मेरे लिए!

---

1. शक्ति, अधिकार, 2. जुल्म, ज़्यादती।

कोकला छपाई

अँधेरे में देखने में बड़ा मज़ा आता है
अपने अन्दाज़े के मुताबिक़
तस्व्वुरात[1] ढलते, बढ़ते और सँवरते हैं

अँधेरे में चलने में भी बड़ा मज़ा आता है
किसी भी ठोकर को अनजाने में कहकर
क़ाबिल–ए–मुआफ़ी समझा जा सकता है

अँधेरे में रोने में भी बड़ा मज़ा आता है
हँसते होंठों और रोती आँखों का बहरूप
नहीं भरना पड़ता
हाँ, सिसकियों को क़हक़हों का आहंग[2]
देना पड़ता है

अँधेरे में भागने में भी बड़ा मज़ा आता है
न घबराहट ज़ाहिर होती है
न ख़ौफ़ का पर्दा चाक[3] होता है

चढ़ा हुआ साँस, बैठती झाग की तरह
क़तरा–क़तरा माथे से गिरता है

अँधेरे में डूबने में भी बड़ा मज़ा आता है
ज़िन्दगी से टूटते रिश्ते की आख़िरी गिरह खुले
तो दरख़्तों से भी परिन्दे डरकर उड़ जाते हैं

मेरे हाथों पर अँधेरे की लकीरें
अँधेरे में ही पढ़ लो
रौशनी जानती है
कि मैले हाथों के मुक़द्दर कितने मैले होते हैं

---

1. कल्पनाएँ, 2. आवाज़, 3. फाड़ना।

समन्दर तो एक आँसू है

आँखें खोलती और बन्द करती गुड़िया की तरह
मैंने ज़िन्दगी के सारे मंज़र देखे हैं
कटे दरख़्त की सूखी जड़ की तरह
मेरे ज़मीन से वाबस्ता[1] रहने पर
किसी को एतराज़ न था
बीच दोपहर में अँधेरी रात
मेरा मुक़द्दर थी
आधी रात के बाद की बारिश
कि जिसकी किसी को ख़बर नहीं होती है
मेरी आँखों में थी
आँसुओं की सीढ़ियों से
मैं क़तरा–क़तरा नीचे उतरी थी
और आतिश–दान[2] में जलती
लकड़ियों के बीच मुस्करा रही थी
मेरी हड्डियाँ भी मेरे अन्दर बोलती हैं
मुझे गुज़श्ता[3] ग़मों को रुख़सत करने से
इतनी फुरसत भी नहीं मिलती है
कि मैं ताज़ा ग़मों का शुमार कर सकूँ
मैंने काग़ज़ पर अपने लिए कितने ही सूरज बनाये
मगर रात ने मुझे पहने रक्खा
रात की दीवारें बहुत ऊँची थीं

और दरवाज़े लोहे के थे
मैंने कहानी शुरू की थी
मगर किसी ने मुझे ख़त्म करने नहीं दिया
सहरा में चीलों के परों की तरह
मेरे दिल की धड़कन ने
मेरे हाथों में पकड़े हुए गीत को
आँसुओं में बदल दिया है
समन्दर और मैं
एक–दूसरे का ख़रोश[4] सुनकर
ख़ामोश होने के लिए विसाल[5] चाहते हैं

---

1. सरोकार, जुड़ाव, 2. अग्नि–कुण्ड, तन्नूर, 3. पुराने, गुज़र चुके, 4. रुदन, विलाप, 5. मिलन, मिलाप।

बुझते बदन की नीलाहट

एक सच जो सबको मालूम है
उसके बताने में हर्ज भी क्या है
साहिल पर ठहरे हुए हर जहाज़ में
न मुसाफ़िर बैठते हैं न ख़ज़ाना होता है
फिर भी जब ज़मीन साँस लेती है
तो लहरें इन खोखले अज़दहों[1] को भी निहाल कर देती हैं
पहाड़ियों के दरम्यान रह जाने वाले बादल
बरसा नहीं करते हैं
कि दरिया के सूखते–सूखते
दरख़्तों पे पत्ते कम और चिड़ियें ज़्यादा
हो गयी हैं
ज़मीन की भूख इतनी बढ़ गयी है
कि जो बीज डालो, वो खा जाती है
हर दफ़ा जब भी मेरे हिस्से की धूप का वक़्त आया
सूरज के सामने बादल आ गया
मेरी कमर धुरी होने तक
ख़्वाहिश का साया मेरे पीछे रहा
आसमानों पे चमकती बिजली
जब भी मेरे दिल में कौंधी
मेरी आँखों में ठहरे ख़्वाब जल गये
पहले–पहल ख़्वाब तितलियों की तरह होते थे

फिर उन्होंने कौस–ए–क़ज़ह[2] का रंग लिया
और अब डूबती शाम की शफक़[3] पहने
मेरी पुरानी किताबों की
फटी हुई जिल्द की तरह फटी हुई एड़ियाँ लिए
किताबों की पिछली शेल्फ़ में
कि जहाँ न काम आने वाली किताबें रखी जाती हैं
सिर्फ़ महफ़ूज़[4] हैं
किसी तरफ़ जायें
कि जिस तरफ भी चलो सामने दीवार आ जाती है
वो दीवार जो मैंने नहीं बनायी
वो दीवार जो मेरी हिफ़ाज़त नहीं करती
वो दीवार जो मुझ पर आन गिरती है

---

1. अजगरों, 2. इन्द्रधनुष, 3. लाली, 4. सुरक्षित।

ज़हर का डंक

मैंने आगे जाने वाली शाहराह[1] पर
पीछे चलना शुरू कर दिया है
और सूरज मेरे कपड़ों के रास्ते
मुझ में तपिश मुन्तक़िल[2] कर रहा है
सफ़ेद रंग के कपड़े जो मेरे वजूद का
रंग जज़्ब[3] करके पीले पड़ चुके हैं
वापिस आने वाले रास्ते का
साथ कैसे देंगे
मगर सुनो
गुलाब की सूखी शाख़ को काग़ज़ में लपेटो
मेरा वजूद बन जायेगा
कोट की ख़ाली जेब को बाहर निकाल के छोड़ो
मेरे सारे लफ़्ज़ मुजस्सिम[4] हो जायेंगे
फटे हुए बूट से झाँकती ज़ख़्मी उँगली देखो
मेरी हँसी याद आ जायेगी
आधी रात को उठकर आईने में अपना चेहरा देखो
मेरी आँखों की बेख़्वाबी[5] तुम्हारी गुनूदगी[6] में जाग रही होगी
किताबों में मरी हुई मकड़ियों की तरह
तुम मेरी ज़ात[7] को उठाकर बाहर कैसे फेंकोगे
कि हज़ीमत[8] के जाले तुम्हारी आँखों पे तने हुए हैं

---

1. बड़ी सड़क, महामार्ग, 2. स्थानान्तरित, 3. आत्मसात, 4. साकार, 5. अनिद्रा, 6. गहरी नींद, 7. पर्सनैलिटी, अस्तित्व, 8. पराजय, हार।

आग का रक़्स[1]

दरिया की तरह अब मेरे दिल की तह में
रेत भर गयी है
वही जो पहले मेरे बालों
और मेरी आँखों में थी
कभी लफ़्ज़ मेरी तमन्ना की कश्ती बन के
ख़्वाबों के दरिया पार कर जाते थे
हवा बादलों को लपेट लिया करती थी
और रात चाँद को उरयाँ[2] कर देती थी
सितारों और चाँद की उरयानी[3] ने
मुझे हुस्ने–बदन[4] की तक़दीस[5] सिखायी थी
मैंने उस वक़्त तक हवाओं का नौहा[6] नहीं सुना था
मुझे ये भी ख़बर न थी कि हवाएँ नफ़रतों के बीज लिए
मेरे सहन[7] से गुज़र रही हैं
अब मैं अपने अन्दर के वहशी को
तंग क़मीज़ों, कसे हुए ब्लाउज़ों
और हाई नेक के स्वेटरों में क़ैद करना चाहती हूँ
मैंने सर झुकाने की आदत डालने के लिए
नमाज़ पढ़ने की भी कोशिश की
मगर झुकने से मेरे ज़ख़्मों के टाँके टूट गये
होंठ काटने वाले, नाख़ून कतरने वाले
सिगरेट और शराब पीने वाले

और लड़कियों की लज़्ज़त में बदमस्त रहने वाले
सभी लोग अच्छे हैं
कि अपने अन्दर के कसैले आदमी को
पैरहन[8] तो देते हैं
आसमान से रिज़्क़[9] देने वाले को ख़ुदा
और ज़मीन पर रिज़्क़ देने वाले को
मजाज़ी[10] ख़ुदा कहने वालों ने
मुझे ये मुन्तिक़[11] नहीं सिखायी
कि सर्दियों में आग के गिर्द नाचने वालों की
आँखों को रिज़्क़ देने वाली को
किस ज़माने का ख़ुदा कहा जायेगा

---

1. नृत्य, नाच, 2. नग्न, 3. नग्नता, 4. शारीरिक सुन्दरता, 5. पवित्रता का सम्मान, 6. रुदन, विलाप, 7. आँगन, 8. लिबास, 9. रोज़ी–रोटी, 10. सांसारिक, 11. समझ, गणित।

तुम्हारी ख़ामोशी, मेरा जुर्म

बद–सुलूकी आकाश–बेल की तरह
मेरे वजूद को चूस रही है
वाल्ट व्हिटमैन ने कहा था
नीच लोगों की औलादें
अपनी माँओं से बद–सुलूकी करती हैं
हम तीसरी दुनिया के लोग
सब नीच लोग हैं
कि हमारी माँएँ, हमारी बेटियाँ
हमारी बीवियाँ, हमारी बहनें
सिर्फ़ ग़र्ज़ और हवस की भट्ठी का ईंधन हैं
लोगों ने तुम्हारे हाथों पर भी
मुहब्बत की सुर्ख़ी देखी है
मगर मैं जानती हूँ
मेरे मुँह पर तुम्हारे थप्पड़ ने
मेरी ग़ैरत का सारा ख़ून मुर्तसम[1] कर दिया है
अब भी मैं ख़ुद को ग़ैरतमन्द कहती हूँ
बद–सुलूकियों पर लाल भभूका हो के
अपनी नसों, अपनी रगों और अपनी बातों को
ज़िन्दा होने का यक़ीन दिलाती हूँ
कहीं से पोता मिट्टी मिले
तो तड़ख़े हुए जिस्म पर लेप कर के

ये ऐब तो छुपा लूँ
अब तो सोच के कुण्डे में लटकी
नुमाइशी मुस्कराहट का हीरा
चूर–चूर हो चुका है

क्या मैं उसी उम्र की तरफ़ लौट जाऊँ
जहाँ बच्चे को बोलना नहीं आता
कि अब पलट के देखने वाला पत्थर भी नहीं होता
मैंने बीज डाला
फ़स्ल भी उगायी
मगर फ़स्ल की कटाई मेरे मुक़द्दर में नहीं थी
कि बद–सुलूकी की दराँती ने
मेरी आँखों में सलाइयाँ फेर दी थीं
ख़ंजर–ए–बेनियाम[2] हो के भी ज़ंग–आलूद[3] हूँ
तुम इस दरयूज़्गी[4] को रिवायत[5] के
किस जुज़दान[6] में लपेटोगे
कि मेरे हलकान होते जज़्बों की मसीहाई हो सके

---

1. अंकित, 2. नंगी तलवार, 3. ज़ंग लगा हुआ, 4. पाशविकता, 5. परम्परा, 6. बस्ता।

सूरज, सवानेज़े पर

शहर और मुल्क बदलने के ख़याल के आँगन में
दीवारों पे चाँदनी और सहन[1] में अँधेरा है
मैं तो सहन में हूँ
दीवारों पर सिर्फ़ मेरे सर का साया नज़र आता है
सर कोई भी हो, साया एक जैसा होता है
मगर चियूँटियों की क़तारों का साया तो नहीं बनता है
कहते हैं जिसका साया न हो वो अज़ीम[2] होता है
वो ख़्वाब जो हमने रिज़्क़[3] के नाम पर देखे थे
उनका साया भी नहीं है
तो क्या ख़्वाब की अज़्मत पे ईमान रखते हुए
भूख को ज़िन्दगी समझ लें
ग़ुलाम कब समझता है कि उसे ग़ुलाम बनाया जा रहा है
ये तो दूसरों को इल्म होता है
मगर नहीं, ब्याही, होने के बावजूद मुतल्लक़ा[4] औरतें
अब भी अपने–अपने घरों में बज़ाहिर[5] आबाद नज़र आती हैं
दीवारों पे सरों के सायों की तरह
शायद इनका बदन अज़ीम है
और ज़हन[6] ग़ुलाम

---

1. आँगन, 2. महान, 3. रोज़ी–रोटी, 4. तलाक़शुदा, 5. ऊपरी तौर पर, 6. दिमाग़।

तस्लीस*

मैं उस रास्ते से गुज़रती हूँ
जो पहाड़ों की आमाजगाह[1] है
मैं उस आवाज़ को सुनती हूँ
जिसका ख़मीर बुज़दिली और ख़ौफ़ है
मैं उस शख़्स से मिलती हूँ
जिसकी रगों में ख़ून भी बर्फ़ है
ये मेरा अपना इन्तख़ाब[2] है
रेत भी नामुरादी की चादर ओढ़े–ओढ़े
पहाड़ बनी थी
आवाज़ और शख़्स
मेरी अपनी बाज़गश्त[3] हैं
बाज़गश्त तो ज़िन्दगी भी है
जो मेरा इन्तख़ाब नहीं

---

*तीन भागों में बाँटना

1. लक्ष्य–स्थली, 2. चुनाव, 3. गूँज।

खिड़की के अन्दर का मंज़र

कहीं तुम्हारे घर में मेरे होंठ रह गये थे
तुमको भी नहीं पता चला ना
हाँ ब्लाटिंग पेपर के रंग की कोई चीज़
कि जो हर रंग जज़्ब[1] करके भी
शगुफ़्ता–ओ–ताज़ा[2]
और उसी तरह गुलाबी थी
तुम्हें अपना नाम न बता सकी
सुना है तुमने मेरे होंठ उठाकर
जेब में रख लिए थे
मगर ज़ाहिर रहने वाली चीज़ छुपी कैसे रहे

---

1. आत्मसात, 2. खिला हुआ व ताज़ा।

ग़ज़लें

कभी भुलाया नहीं याद भी किया नहीं है

कभी भुलाया नहीं याद भी किया नहीं है
ये कैसा जुर्म है जिसमें कोई सज़ा नहीं है

मैं बात बात पे रोने का माजरा पूछूँ
वो हँस रहा है बताने को कुछ रहा नहीं है

ज़मीं पे आह–ओ–बुका और ख़ून–ए–नाहक़ भी
ज़बान–ए–ख़ल्क ये पूछे है क्या ख़ुदा नहीं है

कलाम करने को नासेह रहा न वाइ'ज़ है
मैं क्या कहूँ कि मिरे पास बद–दुआ' नहीं है

बस अब तो आँख में सहरा ही जम गया आ के
समझ लो ख़्वाब भी दहलीज़ पे रखा नहीं है

क़दम–क़दम पे वही तिलमिलाती ख़्वाहिश है
पयाम लाने को कोई भी दिलरुबा नहीं है

मिरी उदासी मिरे काम आ सकी न कभी
बस अब सवाल भी करने का हौसला नहीं है

रक़ीब–ए–ख़्वाहिश–ए–मौजूदा सुन लिया तूने
चमन बहुत हैं मगर कोई देखता नहीं है

उम्र में उस से बड़ी थी लेकिन पहले टूट के बिखरी मैं

उम्र में उस से बड़ी थी लेकिन पहले टूट के बिखरी मैं
साहिल साहिल जज़्बे थे और दरिया दरिया पहुँची मैं

शहर में उसके नाम के जितने शख़्स थे सब ही अच्छे थे
सुब्ह–ए–सफ़र तो धुन्ध बहुत थी धूपें बनकर निकली मैं

उसकी हथेली के दामन में सारे मौसम सिमटे थे
उसके हाथ में जागी मैं और उस के हाथ से उजली मैं

इक मुट्ठी तारीकी में था इक मुट्ठी से बढ़कर प्यार
लम्स के जुगनू पल्लू बाँधे ज़ीना–ज़ीना उतरी मैं

उसके आँगन में खुलता था शहर–ए–मुराद का दरवाज़ा
कुएँ के पास से ख़ाली गागर हाथ में लेकर पलटी मैं

मैंने जो सोचा था यूँ तो उसने भी वही सोचा था
दिन निकला तो वो भी नहीं था और मौजूद नहीं थी मैं

लम्हा–लम्हा जाँ पिघलेगी क़तरा–क़तरा शब होगी
अपने हाथ लरज़ते देखे अपने–आप ही सँभली मैं

दिल को भी ग़म का सलीक़ा न था पहले-पहले

दिल को भी ग़म का सलीक़ा न था पहले–पहले
उसको भी भूलना अच्छा लगा पहले–पहले

दिल था शब–ज़ाद उसे किसकी रिफ़ाक़त मिलती
ख़्वाब ताबीर से छुपता रहा पहले–पहले

पहले–पहले वही अन्दाज़ था दरिया जैसा
पास आ–आ के पलटता रहा पहले–पहले

आँख आइनों की हैरत नहीं जाती अब तक
हिज्र का घाव भी उसने दिया पहले–पहले

खेल करने को बहुत थे दिल–ए–ख़्वाहिश–दीदा
क्यूँ हवा देख जलाया दिया पहले–पहले

उम्र–ए–आइन्दा के ख़्वाबों को प्यासा रक्खा
फ़ासला पाँव पकड़ता रहा पहले–पहले

नाख़ुन–ए–बे–ख़बरी ज़ख़्म बनाता ही रहा
कू–ए–वहशत में तो रस्ता न था पहले–पहले

अब तो उस शख़्स का पैकर भी गुल–ख़्वाब नहीं
जो कभी मुझमें था मुझ जैसा था पहले पहले

अब वो प्यासा है तो हर बूँद भी पूछे निस्बत
वो जो दरियाओं पे हँसता रहा पहले–पहले

वो मुलाक़ात का मौसम नहीं आया अब के
जो सर–ए–ख़्वाब सँवरता रहा पहले–पहले

ग़म का दरिया मिरी आँखों में सिमटकर पूछे
कौन रो–रो के बिछड़ता रहा पहले–पहले

अब जो आँखें हुईं सहरा तो खुला हर मंज़र
दिल भी वहशत को तरसता रहा पहले–पहले

मैं थी दीवार तो अब किसका है साया तुझ पर
ऐसा सहरा–ज़दा चेहरा न था पहले–पहले

ज़ख़्म भी ताज़ा था और उस पे हवा भी ताज़ा

ज़ख़्म भी ताज़ा था और उस पे हवा भी ताज़ा
दिल ने रक्खा था मगर रख़्श–ए–दुआ भी ताज़ा

तर–ब–तर है मिरे हाथों में वही जामुनी रंग
तुमने पूछा था कि होती है घटा भी ताज़ा

अब तलक है वही जलता हुआ सहरा वही मैं
अब तलक है तपिश–ए–शौक़–ए–निदा भी ताज़ा

किस बहाने से तुझे भूल रहूँ और ख़ुश हूँ
फिर बना लेगा ये दिल एक ख़ुदा भी ताज़ा

किस बहाने से मैं जागूँ तुझे ढूँढूँ अब के
अब तो इस सहन में ठहरे न हवा भी ताज़ा

आईना माँगता रहता है वही अक्स तिरा
आँख रखती है तिरा रंग–ए–क़बा भी ताज़ा

बस बहुत हौसला रखने की कहानी कह ली
रात को फूल मसलती है हवा भी ताज़ा

तुझसे वादा अज़ीज़-तर रक्खा

तुझसे वादा अज़ीज़–तर रक्खा
वहशतों को भी अपने घर रक्खा

अपनी बे–चेहरगी छुपाने को
आईने को इधर–उधर रक्खा

इक तिरा ग़म ही अपनी दौलत थी
दिल में पोशीदा बे–ख़तर रक्खा

आरज़ू ने कमाल पहचाना
और तअल्लुक़ को ताक़ पर रक्खा

इस क़दर था उदास मौसम–ए–गुल
हमने आब–ए–रवाँ पे सर रक्खा

अपनी वारफ़्तगी छुपाने को
शौक़ ने हमको दर–ब–दर रक्खा

कलमा–ए–शुक्र कि मोहब्बत ने
हमको तम्हीद–ए–ख़्वाब पर रक्खा

उनको समझाने अपना हर्फ़–ए–सुख़न
आँसुओं को पयाम पर रक्खा

ख़ुश बयाबाँ में मगर शहर में डरना उसका

ख़ुश बयाबाँ में मगर शहर में डरना उसका
कासा हाथों में लिए घर में भी फिरना उसका

दिल दुखा के कभी हँसना कभी रोना उसका
मेरे आँगन में लिखा था नहीं बसना उसका

उसने तन्हाई में भी अंजुमन–आराई की
चाँद ने देख लिया आँखों को भरना उसका

मैंने देखा है सर–ए–शाम उदासी का ख़िराम
पाँव में छाले पहन के न ठहरना उसका

आईना देखना मंज़ूर नहीं था उसको
लुत्फ़ देता था हवा बन के गुज़रना उसका

हर ख़लिश आन के रुकती थी मिरी बाँहों में
ज़िन्दगी देखती रहती थी तड़पना उसका

है अजब तर्ज़–ए–मुलाक़ात अजब तर्ज़–ए–सफ़र
पास आ के न ठहरना न गुज़रना उसका

बिगड़ी बात बनाना मुश्किल बिगड़ी बात बनाये कौन

बिगड़ी बात बनाना मुश्किल बिगड़ी बात बनाये कौन
कुंज–ए–तमन्ना वीराना है आकर फूल खिलाये कौन

तन की दौलत मन की दौलत सब ख़्वाबों की बातें हैं
नौ मन तेल न हो तो घर में राधा को नचवाये कौन

अपना ग़म अब ख़ुद ही उठा ले वर्ना रुसवाई होगी
तेरा भेद छुपाकर दिल में नाहक़ बोझ उठाये कौन

चलती गाड़ी नाम का रिश्ता क्या मोहन क्या राधा आज
बन के सँवर के रास रचा के मोहन आज मनाये कौन

सागर पार की ख़बरें देखे हमसाये का पता नहीं
आज का इंसाँ आलिम फ़ाज़िल उसको अब समझाये कौन

ना–उम्मीदी नाम–ए–तमन्ना अपना मुक़द्दर हिज्र–ए–मुसलसल
दर्द के ख़ारिस्तान में आ के दामन–ए–दिल उलझाये कौन

रात भी काली चादर ओढ़े आ पहुँची है ज़ीने में
मेहंदी लगाये बैठी सोचे लट उलझी सुलझाये कौन

कुछ दिन तो मलाल उसका हक़ था

कुछ दिन तो मलाल उसका हक़ था
बिछड़ा तो ख़्याल उसका हक़ था

वो रात भी दिन–सी ताज़ा रखता
शबनम का जमाल उसका हक़ था

वो तर्ज़–ए–बयाँ में चाँदनी था
तारों से विसाल उसका हक़ था

था उसका ख़िराम मौज–ए–दरिया
लहरों का जलाल उसका हक़ था

बारिश का बदन था उसका हँसना
ग़ुंचे का ख़िसाल उसका हक़ था

रखता था सँभाल शीशा–ए–जाँ
तज्सीम–ए–कमाल उसका हक़ था

बादल की मिसाल उसकी ख़ू थी
ताबीर–ए–हिलाल उसका हक़ था

उजला था चंबेलियों के जैसा
युसूफ़–सा जमाल उसका हक़ था

हौसला, शर्त-ए-वफ़ा, क्या करना

हौसला, शर्त–ए–वफ़ा[1], क्या करना
बन्द मुट्ठी में हवा, क्या करना

जब न सुनता हो कोई, बोलना क्या
क़ब्र में शोर बपा, क्या करना

क़हर[2] है लुत्फ़[3] की सूरत[4] आबाद
अपनी आँखों को भी वा[5], क्या करना

दर्द ठहरेगा वफा की मंज़िल
अक्स[6] शीशे से जुदा, क्या करना

शम्अ–ए–कुश्ता[7] की तरह जी लीजे
दम घुटे भी तो गिला, क्या करना

दिल के ज़िन्दाँ[8] में है आराम बहुत
वुसअत–ए–दश्त–नुमा[9], क्या करना

मेरे पीछे मिरा साया होगा
पीछे मुड़कर भी भला, क्या करना

कुछ करो यूँ कि ज़माना देखे
शोर गलियों में सदा, क्या करना

---

1. वफ़ादारी की शर्त, 2. उत्पीड़न, 3. मेहरबानी, 4. तरह, 5. खोलना, 6. प्रतिबिम्ब, 7. बुझी हुई मोमबत्ती 8. बन्दीगृह, जेल, 9. जंगल की–सी विस्तीर्णता।

मैं नज़र आऊँ, हर इक सिम्त जिधर से चाहूँ

मैं नज़र आऊँ, हर इक सिम्त[1] जिधर से चाहूँ
ये गवाही मैं हर इक आईना–गर[2] से चाहूँ

मैं तिरा रंग हर इक मत्ला–ए–दर[3] से माँगूँ
मैं तिरा साया हर इक रहगुज़र[4] से चाहूँ

सोहबतें ख़ूब हैं ख़ुश–वक़्ती–ए–ग़म[5] की ख़ातिर
कोई ऐसा हो जिसे जान–ओ–जिगर से चाहूँ

मैं बदल डालूँ वफाओं की जुनूँ–सामानी[6]
मैं उसे चाहूँ तो ख़ुद अपनी ख़बर से चाहूँ

आँख जब तक है नज़ारे की तलब[7] है बाक़ी
तेरी ख़ुशबू को मैं किस ज़ौक़–ए–नज़र[8] से चाहूँ

घर के धन्धे कि निमटते ही नहीं हैं 'नाहीद'
मैं निकलना भी अगर शाम को घर से चाहूँ

---

1. ओर, तरफ़, 2. आईना बनाने वाले, 3. द्वार रूपी मत्ला (मत्ला ग़ज़ल के पहले शेर को कहा जाता है), 4. मार्ग, रास्ता, 5. दुख के अच्छे समय, 6. उन्मादावस्था, 7. कामना, तीव्र इच्छा, 8. दृष्टि की अभिरुचि।

वो अजनबी था, ग़ैर था, किसने कहा न था

वो अजनबी था, ग़ैर था, किसने कहा न था
दिल को मगर यक़ीन किसी पर हुआ न था

हमको तो अहतियात–ए–ग़म–ए–दिल[1] अज़ीज़[2] थी
कुछ इसलिए भी कम–निगही[3] का गिला न था

दस्त–ए–ख़याल–ए–यार[4] से फूटे शफ़क़[5] के रंग
नक़्श–ए–क़दम[6] भी रंग–ए–हिना[7] के सिवा न था

ढूँढ़ा उसे बहुत कि बुलाया था जिसने पास
जलवा मगर कहीं भी सदा[8] के सिवा न था

कुछ इस क़दर थी गर्मी–ए–बाज़ारे–आरज़ू[9]
दिल जो ख़रीदता था उसे देखता न था

कैसे करेंगे ज़िक्र–ए–हबीब–ए–जफ़ा–पसन्द[10]
जब नाम दोस्तों में भी लेना रवा[11] न था

कुछ यूँ ही ज़र्द–ज़र्द[12] सी 'नाहीद' आज थी
कुछ ओढ़नी का रंग भी खुलता हुआ न था

---

1. हृदयगत पीड़ा का रख–रखाव, 2. प्रिय, 3. उपेक्षा, 4. प्रिय के विचार रूपी हाथ, 5. सुबह या शाम के समय आसमान पर छा जाने वाली लाली, 6. क़दमों का निशान, 7. मेहँदी के रंग, 8. आवाज़, 9. प्रेम रूपी बाज़ार की गर्मी, 10. उत्पीड़न–प्रिय प्रेयसी की चर्चा, 11. वाज़िब, उचित, 12. पीली–पीली।

कहते हैं मैं सोते-सोते चलती हूँ

कहते हैं मैं सोते–सोते चलती हूँ
हँसता देख के लोगों को रो देती हूँ

ख़्वाहिश मेरा पीछा करती रहती है
मैं काँटों के हार पिरोती रहती हूँ

गर्मी की बेकार दोपहरों में अकसर
जलती हुई ज़मीन की धड़कन सुनती हूँ

जब मेरा चलने को जी नहीं चाहता है
पाँव की दीवार बना के बैठती हूँ

खाल पुरानी हाथ से गिरती रहती है
बात पुरानी पेट में पालती रहती हूँ

देख के बाहर मंज़र नये बुलावे का
मैं खिड़की ईंटों से चुन देती हूँ

फ़ाख़्ता बन के उड़ने को जी चाहता है
पर आ जायें तो घर में छुप जाती हूँ

जागते में लकड़ी की तरह सुलगती हूँ
और सोते में चलती हवा से लड़ती हूँ

अपना नाम भी अब तो भूल गयी 'नाहीद'
कोई पुकारे तो हैरत से तकती हूँ

आग़ोश-ए-तलब का बाब सोचूँ

आग़ोश–ए–तलब[1] का बाब[2] सोचूँ
मैं तेरे लिए वो ख़्वाब सोचूँ

जागूँ बन के पलक–पलक लब
शबनम के बदन की आब[3] सोचूँ

शामिल हूँ मैं तेरे रतजगों[4] में
जागूँ भी तो तेरे ख़्वाब सोचूँ

तू जाये तो मुन्तज़िर[5] हूँ तेरी
तू आये तो बेहिसाब सोचूँ

मैं रेज़ा–रेज़ा[6] बिखर न जाऊँ
खोलूँ जो बन्द–ए–नक़ाब[7] सोचूँ

देखूँ न मैं आईना अकेले
साँसों में भी हम–रक़ाब[8] सोचूँ

बेताबी–ए–जाँ[9] में घुल न जाऊँ
सद–पारा–ए–दिल[10] की ताब[11] सोचूँ

बाँहों के समन्दरों में उतरूँ
आँखों में लिखी किताब सोचूँ

जंगल है तलब का और मैं हूँ
काँटों में छुपा गुलाब सोचूँ

शीशे की फसील[12] में मुक़ैयद[13]
इम्काँ[14] से सिवा[15] अज़ाब[16] सोचूँ

---

1. अभिलाषा की आग़ोश, 2. अध्याय, 3. चमक, 4. रात्रि–जागरणों, 5. प्रतीक्षारत, 6. ज़र्रा–ज़र्रा, टुकड़े–टुकड़े होकर, 7. नक़ाब की गाँठ, 8. सहयात्री, 9. प्राणों की बेचैनी, 10. टुकड़े–टुकड़े हो चुका दिल, 11. सहन–शक्ति, 12. चारदीवारी, 13. बन्दी, 14. सम्भावना, 15. अधिक, 16. यातनाएँ।

पहन के ज़ख़्म का मलबूस, अपने घर जाना

पहन के ज़ख़्म का मलबूस[1], अपने घर जाना
समेट लो कि है फिर शाम को बिखर जाना

मिली न लाश ज़मीं और पानियों में कहीं
इसे ही सारे ज़माने से ख़ुश–ख़बर[2] जाना

परिन्दे सारे उड़े जा रहे हैं किस जानिब[3]
तुम्हें ख़बर हो तो दरिया के पार उतर जाना

वो जिसकी आँख में सच और ज़ुबाँ पे झूठ भी है
वो पास आये तो आँखों ही में उतर जाना

लरज़[4] रही है ज़मीं सहमी लड़कियों की तरह
पुकारती है कि तनहा न छोड़कर जाना

बँधे हैं पेट से बच्चे भी और पैसे भी
ज़मीं की बेटी की तस्वीर देखकर जाना

वो जिसका शौक़ है खिलते गुलाब मल[5] देना
गले मिलो तो उसे भी उदास कर जाना

1. लिबास, 2. शुभ सूचना, 3. तरफ़, ओर, 4. काँप, 5. मसल।

मेरी ज़रूरत है तू, तेरी ज़रूरत हूँ मैं

मेरी ज़रूरत है तू, तेरी ज़रूरत हूँ मैं
कूचा–ए–पिन्दार[1] में हर्फ़–ए–मलामत[2] हूँ मैं

नाओ[3] की सूरत[4] चलूँ, मौज–ए–हवा[5] पे जियूँ
साहिल–ए–ग़म[6] डूब जा, दावर–ए–क़िस्मत[7] हूँ मैं

जागती आँखों में भी ख़्वाब सजाऊँ तिरे
रंग लिखूँ लम्स[8] के क़िरया–ए–ख़ल्वत[9] हूँ मैं

जाऊँ कहाँ ढूँढ़ने तेरी सदा[10] का बदन
तेरी गवाही हूँ मैं, तेरी सदाक़त वा[11] हूँ मैं

जागते रहना तो अब जैसे मुक़द्दर हुआ
वो भी तो है जागता, उसकी ही आदत हूँ मैं

उम्र की ख़ुशबू से थे दिल के भी तेवर जुदा
शाम की धूपों में अब ज़हर की रंगत हूँ मैं

---

1. ख़यालों की बस्ती, 2. भर्त्सना की बात, 3. नाव, 4. तरह, 5. हवा की लहरों, 6. दुखों का साहिल, 7. क़िस्मत का मालिक, 8. स्पर्श, 9. एकान्त ग्राम, ख़ाली–ख़ाली गाँव, 10. आवाज़, 11. खुली सच्चाई।

आगे सरक रहे हैं कि सक्ता भी है अजब

आगे सरक रहे हैं कि सक्ता[1] भी है अजब
दीवार–ओ–दर का शौक़–ए–तमाशा[2] भी है अजब

रोज़न[3] हैं इस क़दर कि तवज्जो[4] मुहाल[5] है
सहरा में तिश्नगी[6] का हवाला भी है अजब

शायद उदास शाख़ों से लिपटा हुआ मिले
अपनी गली में उसका ठिकाना भी है अजब

गुँजान, गहरे, सब्ज़, दरख़्तों ने बाँट ली
वो तीरगी[7] कि जिसका उजाला भी है अजब

दीवार–ओ–दर के रंग हैं आँखों पे जम गये
दहशत से मर न जायें कि रस्ता भी है अजब

बिखरे हुरूफ़[8] जोड़ के लिख दो कोई तो नाम
इस दिल के दुख अजब हैं मसीहा[9] भी है अजब

मर्दों को सब रवा[10] प' है औरत को नारवा[11]
शर्म–ए–हया का शहर में चर्चा भी है अजब

हर्फ़–ए–विसाल[12] हर्फ़–ए–गुमाँ[13] तक न बन सका
तहज़ीब–ए–जाँ[14] में ग़म का मुदावा[15] भी है अजब

भेजी हैं उसने फूलों में मुँह–बन्द सीपियाँ
इनकार भी अजब है, बुलावा भी है अजब

---

1. मूर्च्छा रोग, 2. तमाशा देखने का शौक़, 3. खिड़कियाँ, 4. ध्यान देना, 5. बहुत कठिन, 6. प्यास, 7. अँधेरा, 8. अक्षरों को, 9. जीवनदाता, 10. उचित, 11. अनुचित, 12. मिलन की बात, 13. भ्रमजनित वाक्य, 14. प्राणों की संस्कृति, 15. इलाज, समाधान।

हँसते रहे हम उदास होकर

हँसते रहे हम उदास होकर
आँसू भी गिरे तो दिल के अन्दर

क़ब्रों को बहन बनाना सीखें
बालों में नयी रुतें सजाकर

मैं घर में भी उससे मिलती कैसे
दीवार खड़ी थी घर के अन्दर

मिट जाये बदन का जाँ से रिश्ता
आयेंगे खुतूत[1] फिर भी घर पर

देखा तो ज़मीं खिसक रही थी
बैठे थे बना के घर ज़मीं पर

पानी का बहाव थम गया है
निकली है नदी से वो नहाकर

अब सिर्फ़ लिबास रह गया है
वो ले गया कल बदन चुराकर

1. पत्र।

सहर ने शब से मुलाक़ात मेरे घर की थी

सहर[1] ने शब[2] से मुलाक़ात मेरे घर की थी
ऐ बेख़बर, ये निशानी तो फिर सफ़र की थी

ये कैसी ज़िद कि पलटती है मौज साहिल पर
ये हौसले की नमू[3] थी कि बात थी डर की

उफ़ुक़–उफ़ुक़[4] जो तमन्ना का चाँद बन के चढ़ा
उसी ने ख़्वाब की दहलीज़ मौतबर[5] की थी

समझ लिया कि बहुत दे दिया ज़मीं का ख़िराज[6]
ज़मीं न थी तो ये नीयत भी राहबर[7] की थी

वो खेंच लाया शजर[8] का गुदाज़[9] आँखों में
गले मिला तो वही छाओं[10] मुख़्तसर[11] की थी

पता न दे वो मिरे पास दूर रहने का
वो चुप रहा तो ये तस्वीर भी ख़बर की थी

हिलाल[12] था कि ख़म–ए–ख़्वाब[13] था, नहीं मालूम
ख़बर ये है कि दुआ उसको देखकर की थी

समेट लो कि यही मंज़रों[14] का हासिल है
उस एक आँख में तस्वीर पूरे घर की थी

---

1. सुबह, 2. रात्रि, 3. अभिव्यक्ति, 4. क्षितिज–क्षितिज, 5. विश्वसनीय, 6. मूल्य, 7. मार्गदर्शक, 8. वृक्ष, 9. आत्मीय–भाव, 10. छाँव, 11. लघु, संक्षिप्त, 12. नव चन्द्र, 13. स्वप्न का टेढ़ापन, 14. दृश्यों।

ये क्या, ख़्वाब तुम्हारे निकले और अज़ाब हमारे

ये क्या, ख़्वाब तुम्हारे निकले और अज़ाब[1] हमारे
छलकी–छलकी आँखें लेकिन दिल पायाब[2] हमारे

ये क्या, शहर के फूल भी पूछें रंग–ए–बहार की ख़स्लत[3]
ये क्या, ख़ून हमारा पहनें ख़ुद अहबाब[4] हमारे

ये क्या, आधे चाँद पे रौनक़ आधे पे तारीकी[5]
ये क्या, सुबहे–तमन्ना[6] उनकी, शब–अलक़ाब[7] हमारे

ये क्या, बहते दरिया आँखें, जलते सहरा पाओं[8]
ये क्या, बुझ गये अबके दिलों में भी महताब[9] हमारे

ये क्या, तुमसे पूछ के अब मैं अपना हाल बताऊँ
ये क्या, अपना रिज़्क़[10] भी तेरा और सैलाब[11] हमारे

ये क्या, जिनको देखना चाहें और न देखें उनको
ये क्या, आँखें भूल न पायें, शब–आदाब[12] हमारे

ये क्या, मेहर–ओ–मुहब्बत[13] निकलें क़हर–ए–दयार[14] के क़िस्से
ये क्या, आँख जो देखे उस पे लब ग़र्क़ाब[15] हमारे

ये क्या, खैंच ली पाओं[16] तले से रेत भी दरिया ने
ये क्या, मंज़िल पूछ रही है हम से ख़्वाब हमारे

मेरा आँगन, मेरी खेती, मुझ कमज़ात[17]–सी अक्खड़
तुम ज़िन्दा कि टूट के बिखरें कब आसाब[18] हमारे

---

1. असहनीय कष्ट, 2. उथले, सतही, 3. प्रकृति, धर्म, 4. मित्र, 5. अँधेरा, 6. कामना रूपी सुबह, 7. रात्रि के विभिन्न पर्याय, 8. पाँव, 9. चाँद, 10. रोज़ी–रोटी, खेती–बाड़ी, 11. बाढ़, 12. रात्रि के समयानुकूल शिष्टाचार इत्यादि, 13. प्यार, मुहब्बत, 14. जगत प्रकोप, 15. डूबे हुए, 16. पाँव, 17. नीच, अभागी, 18. स्नायु–समूह।

शहर में दीवारें थीं और दीवारों में वो तनहा था

शहर में दीवारें थीं और दीवारों में वो तनहा था
ख़बर नहीं वो शख़्स था कैसा, चेहरा उसका अच्छा था

पहचाना था दस्तक को और क़दमों की हर आहट को
बुझे चराग़ को हाथ में थामे दरवाज़ा भी खोला था

घर में थे बस साँस मिरे और ख़्वाब धरे थे ताक़ों पर
उसने गीले फ़र्श पे ठण्डे पैर घुमा के सोचा था

ख़्वाहिश भर के पिचकारी में, मन–होली कब खेलेंगें
कुण्डी दरवाज़ों की खुली थी, छत पे दिया भी रक्खा था

मेहँदी–पेड़ तो सौकन[1] घर था, उस घर ही दीवाली थी
मेरा घर जैसे बालक का टूटा हुआ खिलौना था

पिछले बरस के ख़्वाब तो अब के चौक में भी नीलाम न हों
लोग बसें उस घाट जहाँ से कल वो दरिया बहता था

---

1. सौतन।

दीवार-ओ-दर में ग़म का तमाशा तो है अभी

दीवार–ओ–दर में ग़म का तमाशा तो है अभी
वो ख़ुद नहीं पर उसका बुलावा तो है अभी

मानूस हो चली है उदासी से ज़िन्दगी
पाँव के आबलों का नज़ारा तो है अभी

सच है कि ज़हर–ए–इश्क़ तलत्तुफ़ गुरेज़ था
चिन्गारियों ने वर्ना पुकारा तो है अभी

ख़्वाबों को दर–ब–दर ही रखा था नसीब ने
आशुफ़्तगी में जाँ का ख़सारा तो है अभी

मा'लूम है कि कुछ भी नहीं दश्त–ए–ज़ीस्त में
उम्मीद–ए–ख़्वाब ही पे गुज़ारा तो है अभी

रुख़सत शब–ए–फ़िराक़ बहुत सह लिया तुझे
हमराज़ गरचे ख़्वाब सितारा तो है अभी

बे–ताबियाँ समेट के पूछा करे है दिल
क़िस्मत में अपनी सुब्ह का तारा तो है अभी

एक ही आवाज़ पर वापस पलट आयेंगे लोग

एक ही आवाज़ पर वापस पलट आयेंगे लोग
तुझको फिर अपने घरों में ढूँढ़ने जायेंगे लोग

डूबते सूरज की सूरत मेरा चेहरा देख लो
फिर कहाँ बाब–ए–मआनी ढूँढ़ने जायेंगे लोग

मत कहो क़िस्मत है अपनी बे–दिली नागुफ़्तनी
फिर सहर होगी दरख़्शाँ फिर भले आयेंगे लोग

पल झपकने तक है ये हंगामा–ए–वारफ़्तगी
जब नज़र से दूर होगे भूलते जायेंगे लोग

फिर नई ख़्वाहिश के ज़र्रों से बनायेंगे नगर
फिर नयी रस्म–ए–तलब रस्म–ए–वफ़ा लायेंगे लोग

मुनहसिर रंगों की आतिश पर नहीं है दिलकशी
मैले कपड़ों में भी तुझको देखने आयेंगे लोग

हरी थी शाख़ तो बैठा न उस पे पंछी क्यूँ

हरी थी शाख़ तो बैठा न उस पे पंछी क्यूँ
लगे है उजड़े हुए ख़्वाब–सी ये बस्ती क्यूँ

मुझे ख़बर है मिरे घर में साँप आँखें हैं
वगर्ना ग़म के ख़ज़ाने छुपा के रखती क्यूँ

तुम्हीं से तोहमत–ए–आलम को निस्बतें मौसूम
तुम्हीं को कहते हैं सब लोग सबसे अच्छी क्यूँ

ख़िज़ाँ को मेरे ही ख़्वाबों के नाम क्यूँ लिक्खा
ज़मीं ने अपनी ये दौलत मुझी को सौंपी क्यूँ

मिरा वजूद भी क्या कुछ ख़ुदा से मिलता है
सवाल–ए–शक से है बेगाना मेरी हस्ती क्यूँ

ये अश्क सिलसिला–ए–जाँ के बोलते लब हैं
छुपा के दौलत–ए–नायाब तुमने रक्खी क्यूँ

वजूद अपना किसे कब अज़ीज़ था 'नाहीद'
हुई है शाम से पहले ही शाम गहरी क्यूँ

इश्क़ की गुमशुदा मंज़िलों में गयी

इश्क़ की गुमशुदा मंज़िलों में गयी
ज़िंदगी लौट कर दलदलों में गयी

यास–ओ–हसरत भरी बे–अमाँ ज़िन्दगी
आस के रेशमी आँचलों में गयी

वो सदा जो फुग़ाँ बन के उड़्ठी मगर
ख़ामुशी के धने जंगलों में गयी

तुम से होकर जुदा यक–नफ़स दोस्तो
ज़िन्दगी मरघटों दलदलों में गयी

कौन जाने कि उड़ती हुई धूप भी
किस तरफ़ कौन–सी मंज़िलों में गयी

सुब्ह–दम रंग निखरा हर इक शाख़ का
रौशनी शबनमी कोंपलों में गयी

रातों की मुहार पकड़े दिन थे

रातों की मुहार[1] पकड़े दिन थे
तू था तो चनार जैसे दिन थे

ताज़ा था लबों पे शौक़–ए–मंज़र[2]
आहट के सुबू[3] में ढलते दिन थे

ख़ुशियाँ थीं बदन में ज़ीना–ज़ीना[4]
पौरों के विसाल[5] जैसे दिन थे

क़दमों में हुई थी शब[6] दो ज़ानू[7]
एड़ी पे खड़े, गुज़ारे दिन थे

शाख़ों पे खिले हों फूल फ़िर से
यूँ ख़्वाबो–ख़याल जैसे दिन थे

दीवार पे बेल चढ़ रही थी
ख़ुशबू की नदी किनारे दिन थे

इक साँस में बात थी, हँसी थी
नींदों में हवा को थामे दिन थे

मौजों के लहरिए रंग ओढ़े
गुज़रे तो लगे, महीने दिन थे

---

1. लगाम, 2. दीदार की इच्छा, 3. मटका, 4. सीढ़ी–सीढ़ी, 5. मिलन, 6. रात, 7. घुटनों के बल झुकना।

ये दिल ने शर्त-ए-वफ़ा का अजब इरादा किया

ये दिल ने शर्त–ए–वफ़ा[1] का अजब इरादा किया
सफ़र का क़स्द[2] किया और पा–प्यादा[3] किया

सँभाल के रुख़े–ख़ुर्शीद[4] अपने हाथों में
सहर[5] ने रंग पहन के, हवा को जादा[6] किया

उसे था शौक़ समन्दर के साथ चलने का
समझ गये थे तो फिर दिल को क्यों कुशादा[7] किया

तमाम फ़ासले सिमटे थे कूज़ा–ए–गिल[8] में
वो सामने था कि जब उसका रुख़ इरादा किया

बदन में ख़ुशबू–ए–जाँ भी तेरे विसाल से थी
इसीलिए तो तेरा हिज्र[9] भी ज़्यादा किया

तुझे ख़बर भी नहीं तेरे शब नशीनों[10] ने
सितारा–ए–सहरी[11] को ज़मीं निहादा[12] किया

मुक़द्दरों के शजर[13] बे–समर[14] रहे 'नाहीद'
अगरचे[15] हमने बहुत फ़स्ले–ए–गुल[16] लबादा किया

---

1. वफ़ादारी की शर्त, 2. प्रण, 3. पैदल, 4. सूर्य का चेहरा, 5. प्रातः, 6. पगडण्डी, 7. उदार, विशाल, 8. मिट्टी का बर्तन, 9. विरह, 10. रात्रि के साथी, 11. सुबह का सितारा, 12. स्थित, स्थापित, 13. वृक्ष, 14. फलों से रिक्त, बिना फलों के, 15. यद्यपि, हालाँकि, 16. बहार का मौसम।

वो दावत-ए-सुख़न-ईजाद फिर नहीं आयी

वो दावत–ए–सुख़न–ईजाद[1] फिर नहीं आयी
शब–ए–विसाल[2] तेरे बाद फिर नहीं आयी

मुझे मिलो तो तमन्ना से पूछकर मिलना
गुलों[3] के खिलने की मीआद[4] फिर नहीं आयी

गुलाब ताक़ों में आँखें सजाये बैठे हैं
नसीम[5] जानिब–ए–शमशाद[6] फिर नहीं आयी

फिर उसके बाद न चेहरा न रंग ही ठहरा
फ़िज़ा–ए–ताबे–शबे–राद[7] फिर नहीं आयी

सफ़र–नसीब[8] मुहब्बत, पड़ाव कैसे करे
कि कोई चेहरा, कोई याद फिर नहीं आयी

---

1. काव्य–रचना करने की दावत, 2. मिलन की रात, 3. फूलों, 4. समय–सीमा, अवधि, 5. शीतल पवन, 6. सर्व का सुन्दर वृक्ष, 7. बिजली कड़कती रात को सहन कर पाने की मनोदशा, 8. यात्रा–प्रिय।

ख़ू-ए-मलाल ने चेहरे बदले

ख़ू–ए–मलाल[1] ने चेहरे बदले
अश्क[2] ढले और लम्हे ठहरे

आँखें दहकते आतिश–दाँ[3] सी
बिस्तर जैसे बादल गहरे

महफ़िल चढ़ते दरिया जैसी
बातें फूल गुलाब सुनहरे

रोशनी सिर्फ़ हमारी आँखें
पानी सिर्फ़ हमारे चेहरे

दर–दरवाज़े काई जैसे
आँख पपोटे[4] ख़ौफ़ से गहरे

दीवानों को पहचाने हैं
संग, सलाख़ें और कटहरे

दुल्हन जैसे कोरे काग़ज़
गागर जैसे बदन इकहरे

तू कि जिसकी मन्कूहा[5] है
एक बदन के चालीस चेहरे

---

1. दुखी रहने की आदत, 2. आँसू, 3. तन्नूर, 4. पलकें, 5. विवाहिता।

हम कल से अलम करेंगे उसका

हम कल से अलम[1] करेंगे उसका
आयेगा नज़र न जिसका चेहरा

खेंचेंगे लकीर अपनी हद की
रिश्ता है सबा[2] से रश्क[3] ऐसा

मैं साथ खड़ी हूँ तेरे ऐसे
साया भी दिखायी दे न मेरा

बातों के भँवर में डूब जाऊँ
आँखों में छुपाये दश्त[4] प्यासा

जलती हैं हथेलियाँ तो सोचो
ये ज़हर कहाँ–कहाँ पे होगा

साँसें हैं कि रेल पटरियाँ हैं
देखें हैं कि कौन कौन गुज़रा

पाता है मुराद पाने वाला
गिरता है वो शाख़ से परिन्दा

---

1. दुख, 2. सुबह की शीतल पवन, 3. ईर्ष्या, 4. रेगिस्तान।

अजब था मुझसे तेरे इश्तियाक़ का लम्हा

अजब था मुझसे तेरे इश्तियाक़[1] का लम्हा
पिघल गया गुल–ए–लब[2] में फ़िराक़[3] का लम्हा

क़ज़ा[4] किया तेरे ऐवाने–जाँ[5] में फ़र्ज–ए–दुआ[6]
घुला हवा में ज़रे–इन्तिबाक़[7] का लम्हा

मुआमला तो किसी दस्तरस[8] का था ही नहीं
हज़र[9] कि अब नहीं शर्त–ए–सियाक़[10] का लम्हा

ये इज़्तिराब[11] तो है मौज़–ए–बेतमाशा[12] का
मिले तो कहना कि है इफ़्तिराक़[13] का लम्हा

गो[14] उसकी शक्ल बहुत मुख़्तलिफ़[15] न थी सबसे
प' मुख़्तलिफ़ था ख़म–ए–इत्तिफ़ाक़[16] का लम्हा

ख़ुद अपने शौक़–ए–गुज़ीदा[17] को मौतबर[18] देखा
ठहर गया था लब–ए–तुमतुराक़[19] का लम्हा

ग़ज़ब ये था कि इधर तिश्नगी[20] लबालब थी
कशीदा क़द तो हुआ गुल तबाक़[21] का लम्हा

उठाये हाथ तो रस्ते में उसके हाथ भी थे
हथेलियों में सजा इत्तिफ़ाक़[22] का लम्हा

वो साथ–साथ मेरे मशअलें उठाये हुए
चला तो है, प' मुक़ाबिल है शाक़[23] का लम्हा

---

1. प्रेम–आकांक्षा, 2. होंठों के गुलाब, 3. विरह, जुदाई, 4. समाप्त, 5. प्राण रूपी महल, 6. बन्दगी का कर्तव्य, 7. मेल–जोल रूपी धन, 8. आधिपत्य, 9. भय, परहेज़, 10. हिसाब–किताब, 11. व्याकुलता, बेचैनी, 12. कहीं दूर उठती–गिरती हुई लहर, 13. जुदाई की मार, अलगाव, 14. हालाँकि, 15. भिन्न, 16. संयोगवश झुकाव, 17. ख़ुद के चुने हुए शौक़, 18. भरोसेमन्द, 19. वैभव, शानो–शौकत, 20. प्यास, 21. खाना खाने की थाल, 22. संयोग, 23. असह, नागवार, अरुचिकर।

मुझसे अपने नाम के मानी पूछने आया था

मुझसे अपने नाम के मानी[1] पूछने आया था
अपनी शक्ल के आईनों को ढूँढ़ने आया था

बाँटने बेदारी[2] की छाओं की लज़्ज़त
पुरवा बन के आँखें चूमने आया था

लिपट के दीवारों पे चलते सायों से
वो भी दश्त–ए–दुआ[3] में घूमने आया था

उसको पास बिठा लेना पर देखना मत
मेरी गली में घर वो भूलने आया था

नाम–पता क्या पूछो हो बस ये जानो
दरिया देख के ख़ुद ही डूबने आया था

धड़का था उस घर का पहला दरवाज़ा
दरिया अपना रस्ता पूछने आया था

चुटकी जैसे नींद ही थी लज़्ज़त सारी
ख़्वाब भी सरशारी[4] को सूँघने आया था

❑❑

1. अर्थ, 2. जागृति, 3. दुआ रूपी जंगल, 4. मस्ती।

रख़्शंदा जलील लेखक, अनुवादक, आलोचक और साहित्यिक इतिहासकार हैं। इनके अनेक अनुवाद संकलन, बौद्धिक आलेख व पुस्तकें प्रकाशित हुई हैं। इन्होंने 'प्रोग्रेसिव राइटर्स मूवमेंट एज़ रिफ़्लेक्टेड इन उर्दू' पर पीएच.डी. की है जिसे ऑक्सफ़ोर्ड यूनिवर्सिटी प्रेस ने प्रकाशित किया है।

स्त्रीवादी लेखिका डॉ. रशीद जहाँ की आत्मकथा, प्रेमचन्द, फणीश्वरनाथ 'रेणु', शहरयार, कृश्न चन्दर और इन्तिज़ार हुसैन की लघुकथाओं, शायरी और उपन्यासों का अनुवाद किया है। इनका निबन्ध संग्रह 'इनविज़िबल सिटी' जोकि दिल्ली के प्रसिद्ध स्मारकों पर आधारित है, पाठकों द्वारा पसन्द किया गया है।

आप 2002 से 'हिन्दुस्तानी आवाज़' संस्था चला रही हैं, जो हिन्दी-उर्दू साहित्य एवं संस्कृति को लोकप्रिय बनाने के लिए समर्पित है।